"褒めシャワー"で楽しく上達させるマイスター

テニスコーチ　中村仁隆

愛知・長久手市にあるテニスス
クール「ロングウッド長久手」。
ここに "褒めすぎるコーチ" とし
て注目される指導者・中村仁隆さ
んはいる。うまくできても失敗し
ても、ひたすら褒める指導が氏の
持ち味だ。レッスン中、"褒め
シャワー" を浴びて、子どもたち
は笑顔で上達し、テニスに対する
意欲も高まるという。"スポコン"
とは程遠い、"褒め指導" の極意
を中村さんに聞いた。

（取材／本誌　萩原和夫・兼子智帆）

「さあ、今日はボールをしっかりとらえていこう！　いくよ！」

ここはテニススクール「ロングウッド長久手」。経験者向け「グリーンコース」のコートに散った10数人の小学生たちは、球出し、サーブ、ネット際のボレー練習などに取り組んでいた。子どもたちのショットのたびに中村仁隆コーチの元気な声が飛ぶ。

「いいよ！」「ナイス！」「ちゃんと打ててる！」

ミスショットした子にも、「なるほど！　次はできそうだ」「期待しているよ！」。

レッスン中、中村コーチの"褒めシャワー"は止まらない。

練習のメニューもユニークだ。ラケットのスイートスポット幅のしゃもじ型「ロングウッドラケット」でのショット、腰の高さに持ったかごでのボールキャッチ、スイングを安定させるビッグバランスボール投げ……。子どもを飽きさせない工夫が凝らされる。

終始笑顔でコートを駆け回る子どもたち。50分のレッスンはあっという間に終わった。

「（レッスンは）いつも楽しい。上達できるしラリーも楽しみ」とは、グリーンコースに"昇格"したばかりの小学6年生のAさん。「褒めてくれるから頑張れる。教え方が上手なのかな」とのこと。「早く、次のイエローコースに上がりたい」と抱負も語ってくれた。

中村仁隆、46歳。"褒めすぎるコーチ"としてメディアでも注目される有名人だ。そもそもこの「ロングウッド長久手」の指導は褒めることを方針としている。いわゆる「褒め指導」のライセンスを取ったスタッフたちが4歳から80代までの生徒を指導しているが、中村コーチはその中のマイスターというわけだ。

「やみくもに褒めているのではないんですよ（笑）。今日の目標を伝えてそれができたら褒める。そのためには子どもを観察することも大事。その子に合った褒めのポイントを押さえることで楽しく上達できると思っているんです」と褒めの極意を語る。

中村さんは中学時代、軟式テニスで名古屋市の大会で優勝するが、その後、指導の道を選んで高校卒業後にコーチに。教え子は数千人に上り、その中には、後のインターハイでの優勝ペアや、「ロングウッド」のスタッフとして戻ってきてくれるかつての子どもたちもいる。

「ここに来て『テニスって楽しい』と思って生涯続けてもらうのが目標。だから必死に褒めてます（笑）」

子ども理解と理にかなった指導法があるからこそ、"褒めシャワー"は効果を発揮しているのだろう。テニス人口を増やしたいと願い、YouTubeなどで海外のテニススクールも見て、子どもたちに合った指導を研究する。毎日がテニス漬けだ。

「何よりも自分自身がテニス好き。"Noテニス、Noライフ"です」

●なかむら・ひろたか　1976年4月9日、愛知県名古屋市で次男として生まれる。中学3年の時に軟式テニスで名古屋市中学生大会で優勝。高校から硬式テニスに転身して県大会に出場。高校卒業後、テニススクールに就職。当時の社長が日本プロテニス協会の理事長をしていたこともあり、プロとして認められるコーチを目指し、1997年にプロライセンスを取得。1999年、ロングウッドスポーツ株式会社に転職し、長久手校のマネージャーを経て、現在はエリアヘッドコーチを務める。「褒めちぎるテニススクール」として東海地区を中心に全国8会場テニススクールを展開し、来場していただいたすべてのお客様のために、テニスを満足して楽しんでいただけるレッスンができるよう従業員の育成に努めている。

私は地球に住んでいて、まだ、よその星の
人を知らないけれど、もしかしたら、彼ら
は地球を観測していて、地球人に声をかけ
るタイミングを諜っているかもしれない。
彼らは、どんな場所から地球を眺めている
だろうと想像して「地球を望む」を描いた。

時空に遊ぶ
曼荼羅のいざない　Scene1 ◆ 地球を望む

[画・文] **フミ スギタニ** (ペン画作家)
　　2018年3月末、体を壊し退職。その後の人生を模索中にネットで偶然見かけた黒い紙にボールペンで描く曼荼羅アートに魅せられ自分でも描くようになった。私は曼荼羅アートを描いていると何も見えない暗がりに光を見いだしていくような気持になる。光を求めて私はこれからも描き続けていく。兵庫県を中心に個展やワークショップを開催し活動中。http://fuca.design

Contents

特　集

個別最適で協働的な学びを
どう実現するか
令和の授業イノベーションを考える

　本誌特集では、全6回にわたり、様々な角度から学校におけるニューノーマルの姿を探っていきます。コロナ禍を経た新たな授業づくり・学校づくり。それは、現場の知恵による開発の果実です。本特集では、昨年1月に中央教育審議会答申が示した「令和の日本型学校教育」をもとに、授業のニューノーマルとして、個別最適な学びと協働的な学びをどのように開発していくか、現行学習指導要領のキーマン等による論考と現場の意欲的な実践から考えていきます。

個別最適な学びと協働的な学びの一体的充実のための次世代対応の授業とは

内閣府科学技術・イノベーション推進事務局審議官

合田哲雄

　北杜夫の長編小説『楡家の人びと』（新潮文庫）に「時間の流れを、いつともない変化を、人々は感じることができない。刻一刻、個人をも、一つの家をも、そして一つの国家をも、おしながしていく抗いがたい流れがある。だが人々はそれを理解できることができない。一体なにがあったのか？　なんにも。（…）実際なんの変化もありはしない。一年くらいで人間はそう歳をとりはしない。本当に何事も起こらなかったと同じなのだ」という件がある。猖獗を極めたスペイン風邪や第一次世界大戦の戦勝といった激動の大正期を舞台にしたこの小説においては、後になって考えると大きな時代の転換点だと分かるが当事者にはそのことが看取しがたいことが表現されている。

　今、100年ぶりの感染症の世界的流行やヨーロッパにおける戦争など大きな時代の転換期を迎えていることは漠然と感じつつも、官庁も企業も学校も毎年度のルーティンが繰り返すなかで、「一年くらいで人間はそう歳をとりはしない。本当に何事も起こらなかったと同じ」なのではないだろうか。

　しかし、教育は次代を担う子どもたちと向き合う営為である以上、学校も教育行政も常に現在の時代の立ち位置を踏まえながら、子どもたちが時代に振り回されるのではなく、次代を創造するために必要な力を内発的にはぐくむためにいかなる外発を仕込むかに知恵を絞らなくてはならない。

　2017年の学習指導要領の改訂や2021年の中央教育審議会答申、2022年の総合科学技術・イノベーション会議（CSTI）の政策パッケージ、同年の教育未来創造会議の議論などはこの問題意識で貫かれている。本稿では、個別最適な学びと協働的な学びの一体的充実のための授業改善という観点から現在の政策的な動向を整理してみたい。

新学習指導要領が目指すもの

　小・中学校と順次実施されてきた新学習指導要領だが、本年4月からいよいよ高校において実施された。この改訂は、アイディアや知識など目に見えないものの価値が産業社会を牽引するなかで、時代の歯車を回しているのは官僚でも大企業でもなく、同調圧力や正解主義を乗り越えて新しい価値を創出している社会起業家など自分のアイディアで勝負する一人ひとりの国民であるとの認識を踏まえて行われた。他方で、インターネットの使い方がSNSでのチャットとゲームに偏り、学校カーストの息苦しさのなかチャットで即答しないと仲間外れにされるといった子どもたちを取り巻く強い同調圧力について

の危機感も強かった。

　異なる考えを持つ他者と対話を重ねることは面倒で、人工知能（AI）や他者が決めたことに従った方が楽だし、フェイクニュースが広がるデジタル社会においては、事実に当たったり論理的に検証したりして情報の真偽を確かめることも求められているが、これも面倒なことに違いない。しかし、自分たちで社会の方向性を決めることを放棄し、すべてAIや特定のリーダーに丸投げする社会はディストピアそのもの。複雑な課題を丁寧に解きほぐして関係者の「納得解」を形成するために、自分の頭で考え、他者と対話する力をはぐくむ上で、高校の新科目「公共」や「歴史総合」は新教育課程の目玉だが、「数学Ⅰ」でトレードオフの曲線のなかで社会課題解決の最適解を見出すという発想を働かせるために二次関数を学んだり、「物理基礎」において物質によって電気抵抗の抵抗率が異なっていることを理解したり、「生物基礎」で遺伝子や免疫について知ったりすることは、素朴概念に訴えるフェイクニュースのウソを見極める上で重要な学びである。

なぜ教育DXは不可欠なのか

　しかし、このような教育の質的転換に当たっては、これまでの紙ベースの一斉授業では限界がある。試験問題の文字情報を読んで理解して、迅速に正解を書く能力が偏重されるからだ。計画的な勤勉性と文書主義が必須だった工業化社会には適合的な学びだったが、みんなと同じことができること以上に他者との違いに意味や価値のある社会のなかでは変容が求められている。

　私たちには一人ひとりに認知の特性や関心の違いがある。話すこと・聞くこと、書くこと、読むことのそれぞれでも情報の受け取りと表現にわたって強

み弱みがあるし、文字情報や音、映像など扱う情報の得意不得意もあるだろう。計画的に学ぶ人もいれば、興味や関心が拡散する人、特定の分野に尋常ではない集中力を示す人もいる。発達障がいの困難さに向き合っている子、特定の分野に特異な才能を持つ子、両親が外国人で日本語指導が必要な子、どうしても教室に行くことができない子…と多様な子どもたちの学びを支えるに当たっては、このような認知の特性や関心の違いを前提として、すべての子どもに共通している「知りたいという欲求」を刺激し、その子の学びの扉が開くように働きかけることが必要であり、だからこそ義務教育において一人一台の情報端末を整備するGIGAスクール構想が実現し、高校においても情報環境の整備が進められている。

　この学びの転換の必要性は深刻だ。例えば、情報処理力偏重のなかで学校教育が切り捨ててきた力が、情報セキュリティの確保にとって不可欠になっている。ゲームのデバッグ（バグの修正）を請け負う上場企業であるデジタルハーツ社の社員の半分以上が不登校あるいはひきこもりの経験者だ。ゲームのデバッグに求められる力は、点数にならない情報は切り捨てる情報処理力とは真逆の、多くの人が気付かないわずかな違いを見つけるアンテナの高さで、エシカルハッカーにも求められる能力である。しかし、このような力はこれまでの学校教育では「細かいことを気にし過ぎる」などと言われることが少なくなかった。同様に、発達障がいの困難さに向き合っている子どもたちや特定分野に特異な才能を持つ子どもたちは、現在の学校生活のなかで我々の想像を越えるストレスに直面している。社会的・文化的なバイアスも看過できない。OECDのPISA調査において、義務教育終了段階での我が国の女性の生徒の科学的リテラシーと数学的リテラシーは「レベル４以上」が４割程度とOECD諸国でもトップ水準であるにもかかわらず、高校で普通科理系を選択する女性は同世代の16％、大学で理学部、工

学部、農学部といった理工系の分野を学ぶ女性はわずか５％にまで減少している。横山広美東大教授らの研究は、例えば機械工学を学ぶことを希望する娘に対して「女の子らしくないから」と反対する保護者（特に男性保護者）が多いことを示している。

だからこそ、学習指導要領の各教科等の内容にコードが付され、情報端末が整備されることにより、子どもたちの学びが時間的にも空間的にも多様化するなかで、それまでの教育内容の習得が不十分だった子どもはAI教材などを活用してその習得に向かって自分の学びを調整することが可能になるし、どうしても教室になじめない子どもは校内フリースクールやNPOと協働する教育支援センターで学んだり、特異な才能を持つ子どもは大学や研究機関で専門的な学びを行ったりすることにより現在直面している困難さを取り除くことができる（図１）。教室の風景が大きく変わると、学校の構造も変容する。今までは「垂直分業」で、子どもに関することを全部学校の中で完結して担ってきた。しかし、学校がこれらの幅広い機能を全部自前で担うことは不可能で、社会全体のDX（デジタル・トランスフォーメーション）の中で、大学や研究機関、企業やNPO、福祉機関、発達支援の専門家などと協働する「水平分業」への転換が不可欠だ（**図２**）。

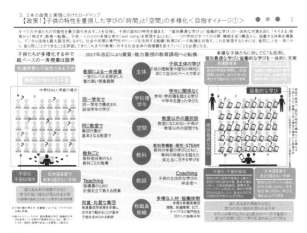

図1

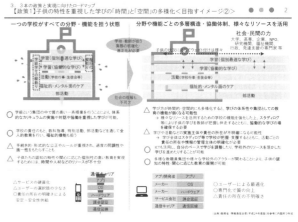

図2

教育DXの先にある学びの姿

ただ、他者と同じことができることが評価される時代の慣性に基づき、大人が採点しやすい知識再生型のテストが変わらないままで情報端末を活用した教育の個別化が進展すれば、子どもたちがアルゴリズムやAIが指示するとおり他律的にドリル学習を反復することになる。子どもたちが次代を切り拓く上で大事なのは、子どもたちが他者と対話や協働を重ねながら、自分の認知の特性や関心に応じて自分で自分の学びを調整できることで、その真逆だ。

だからこそ、情報端末を活かした個別最適な学びを充実して子どもたちが直面する様々な困難さを取り除くとともに、生身の教師が子どもたちの学ぼうとする心に火を灯し、「学び合い」や「教え合い」でクラス全体の知識の理解の質を高めたり、討論や対話、協働を引き出したりすることが求められている。実際に、情報端末を活用した個別最適な学びと協働的な学びの一体的な充実は、山形県の天童市立天童中部小学校、埼玉県戸田市の小・中学校、長野県坂城高校や明蓬館高校など全国の自治体や学校で取り組まれているが、CSTIの政策パッケージ案が

提起しているのはこのような内発的な取組をすべての学校において引き出すための仕組みの確立だ。

教育・人材育成に関する政策パッケージが提起するもの

CSTIは、教育DXの先にある学びについて、2022年4月に政策パッケージ案をとりまとめた。

CSTIが、withコロナで多くの国民が実感したサイバー空間の拡大による社会構造の変化を「Society5.0」と表現したのは7年前で、このSociety5.0の目指すのは一人ひとりの多様な幸せ（Well-being）の実現である。科学技術やイノベーションは社会の分断や格差を解消してこそ意味があるという考え方のもと、教育DXを政府全体で支えることはCSTIにとっても重要な役割となっている。また、2021年1月の中教審答申は同調圧力と正解主義から脱し二項対立を乗り越える必要を訴えたが、同調圧力や正解主義はイノベーションの大敵。さらに、GIGAスクール構想でも明らかなとおり、社会の構造的変化のなかであらゆる分野について一つの省庁や局課だけで対応できることは限られ、府省を越えた協働が不可欠になっている。CSTIが政府全体を見渡して子どもたちの学びの転換について議論しているゆえんである。

具体的には、5年後を目途に行われる学習指導要領改訂を視野に、教科の本質を踏まえた教育内容の重点化や教育課程編成の弾力化のための学習指導要領の構造の転換（文科省）、サイエンス分野の博士や発達支援の専門家、AIプログラミングの専門家といった方々が教壇に立てるような教員免許制度の抜本的見直し（文科省）、様々な困難さに直面している子どもたちの学びの時間的・空間的な多様化（文科省）、内閣府の大型研究プロジェクトSIPを活用した探究的な学びの成果であるレポートや小論文、討論や実演などに対する「パフォーマンス評価」に関する科学的知見の確立（内閣府）、教育データ利活用の促進（デジタル庁）、探究的な学びやSTEAM教育充実のためのプラットフォームの構築（文科省・経産省）、探究的な学びや特定の分野の特異な才能の重視、文理分断からの脱却のための大学入試の改善（文科省）、高校における探究的な学び充実のための高校標準法も視野に入れた指導体制の充実（文科省）、企業の次世代育成投資に対する市場評価の仕組み（経産省）、ジェンダーバイアス排除のための社会的ムーブメント（内閣府）、学部や修士・博士課程の再編・拡充（内閣官房・教育未来創造会議）、女性が理系を選択しない要因についての大規模調査（内閣府）といった施策を政府一体となって行うこととしている。

CSTIでは2021年12月24日に政策パッケージに関する中間まとめを公表し、意見募集を行ったところ、寄せられた意見の25％が10代の若い方々から寄せられたものだった。その中の「『大学に入って自分が生活できるぐらいの収入を得ることができる安定した職につくべきだ』と親から言われれば、いくら学歴は関係ない、一人ひとりの個性が大切だと国が主張しても国民の考えは変わらない」という指摘に我々大人が真正面から向き合うことが子どもたちの学びの転換にとって不可欠だと痛感している。

Profile

ごうだ・てつお　1970年生まれ。92年文部省入省。福岡県教育庁高校教育課長、国立大学法人化の担当、08年学習指導要領改訂の担当、NSF（全米科学財団）フェロー、高等教育局企画官、初等中等教育局教育課程課長、内閣官房内閣参事官、初中局財務課長等を経て2021年7月から現職。兵庫教育大学客員教授。単著に『学習指導要領の読み方・活かし方』（教育開発研究所）、共著に『学校の未来はここから始まる』（教育開発研究所）、『メディアリテラシー』（時事通信出版局）。

子供が自ら学ぶ姿を
どうイメージし、
授業をデザインしていくべきか

國學院大學教授

田村　学

「個別最適な学びと協働的な学び」とは

　令和3年1月26日、中央教育審議会は、「『令和の日本型学校教育』の構築を目指して～全ての子供たちの可能性を引き出す、個別最適な学びと、協働的な学びの実現～（答申）」を出した。ここに示された「個別最適な学びと協働的な学び」とこれまで語られてきた「主体的・対話的で深い学び」とはどのように違うのだろうか。私は、本来期待していた豊かな学びは変わるものではなく、若干異なる文脈からの説明であると考えている。つまり、「主体的・対話的で深い学び」は、能動的な学習、いわゆるアクティブ・ラーニングの文脈から示された期待する学びの姿である。一方、「個別最適な学びと協働的な学び」は、一人一人の個に応じた学び、いわゆるアダプティブ・ラーニングの文脈から示された期待する学びの姿である。期待する豊かな学びをいくらか角度を変えて示していることであり、決して違うものを目指すようなことではない。これまでと同じ資質・能力の育成に向けて、粛々と授業改善を進めていくことと理解することができる。

　このように考えるならば、教育を取り巻く状況が大きく変わる中、令和の日本型学校教育の構築として「個別最適な学びと協働的な学び」が示されたことの意味を理解することができる。子供が自ら学びに向かうことを大切にするとともに、一人一人の子供に応じた学びの充実に、今まで以上に気を配らなければならない。

　答申で着目すべきは、「3．2020年代を通じて実現すべき『令和の日本型学校教育』の姿」にある。ここでは、「一人一人の児童生徒が、自分のよさや可能性を認識するとともに、あらゆる他者を価値のある存在として尊重し、多様な人々と協働しながら様々な社会的変化を乗り越え、豊かな人生を切り拓き、持続可能な社会の創り手となることができるよう、その資質・能力を育成することが求められている」としている。この表現は、今回の学習指導要領において位置付けられた前文と同じであり、方向性が変わるわけではないとしてきた先の記述と重なる。

自ら学ぶ姿をイメージすることがなぜ必要なのか

　全ての教師が授業のイメージをもち、その授業を目指して実践の準備を整える。単元を構想し、授業展開を考えながら、学習指導案を作成していく。このときに、それぞれの教師のもっているイメージ

が、クリアーであればあるほど、その実践に迫りやすいことは言うまでもない。霧に包まれたような、ぼんやりとした授業を目指そうとしても、それは難しい。自分のクラスの子供一人一人が、本気になって学習活動に没頭する姿を具体的に思い浮かべることができる授業イメージであれば、その実現可能性は飛躍的に高まる。

このイメージする力は、それぞれが生まれながらに備わっているものではなく、日々の精進と努力によって確実に高めることができる教師の力であり、具体的には、授業を「行う、見る、語る」ことを意識的に行うことが欠かせない。それを繰り返す中で、一人一人の教師のイメージする力は確実に向上していく。

「子供が生き生きする授業を実現したい」「子供の成長が実感できる授業をしたい」と考えるのは、教師であれば誰もが同じであろう。教師の喜びは子供の成長やその姿にあり、それは日々の授業の積み重ねによって実現される。そうした授業を実現できる力を身に付けることが、多くの教師の願いであることは間違いない。そのためにも、質の高いクリアーなイメージを描くことができるようになることが欠かせない。

では、子供が自ら学ぶ姿とは、どのような姿なのか。それは、学習者としての子供が自らの学びをコントロールすることと考えると理解しやすい。学習する対象に興味や関心を高め、自ら前のめりになって学びに向かう姿は、多くの人が想像する自ら学ぶ姿であろう。加えて、大変だと思うことや少々面倒だと感じることであっても、必要であれば粘り強く取り組み続けることや、諦めずにやり抜くことも自ら学ぶ子供の姿と考えるべきであろう。そうした姿が安定して表れるようになるには、自分ごとの課題を、自分の力で解決し、その過程を自覚することが大切になる。さらには、成果を手応えとして実感することも大切になる。このことを繰り返すことで、

子供は自分自身の力で学びをコントロールすることができる意志をもった子供として成長していく。

授業をデザインするにはどうすればよいか

前述してきたように、育成を目指す子供の姿を、クリアーで質の高いイメージとして描くことができるかどうかが授業デザインの生命線となる。その上で、具体的な授業を実現可能なものとして描き上げていく。まずは授業をデザインしていく手順、その次に、それぞれの場面ごとのイメージを明らかにしていく。

（1）ゴールイメージから授業をデザインする

資質・能力の育成には、プロセスの充実が欠かせない。つまり、一連の問題解決が連続していく学習過程の充実が大切になる。このプロセスにおいて、資質・能力は繰り返し発揮され続ける。そのことが資質・能力を確かなものとしていく。したがって、最終的に子供がどのような姿になっているのかという到達点を子供の姿で鮮明に描くことが大切になる。その姿のイメージがぼんやりしていると、目指す到達点に辿り着くことができず、這い回ってしまう危険性がある。この到達点を明確にするだけではなく、通過点を具体的にすることも必要になる。このことについては、単位時間の授業においても、単元においても同様である。

到達点の明確化と通過点の具体化で優先されるべきは、到達点の明確化と言えよう。到達すべきゴールが描けていなければ、途中の通過点を考えることは難しい。具体的に授業や単元をデザインしていくには、まずゴールを明確に設定する。次に、そのゴールに向かって子供たちが自ら問題解決を行っていくには、どのように学習材・教材と出合うかとい

う導入の工夫を検討し、具体的な展開の構成を考え、終末を思い描いていく手順が考えられる。

（2）自ら学ぶ姿をイメージし、授業をデザインする
①導入のイメージ：「期待する学び」に自ら向かう導入の設定

　資質・能力の育成のためには、思いや願いを実現し、目の前の問題を解決していくプロセスの充実が欠かせない。実際の社会で活用できる資質・能力の育成は、まさにプロセスの中で知識が繰り返し活用・発揮され、どのような場面や状況においても自在に使いこなせる状態になることをイメージするとよい。

　そのためには、単元の導入、授業の導入が重要になる。一人一人の子供にとって、何の目的もなく、全く意欲も高まらない、教師によって定められた課題では、おそらくプロセスは充実しない。仮に、定型化されたプロセスを踏んだとしても、それはただ単にレールの上を走らされているだけに過ぎず、自発的に挑み続け、立ち向かう生き生きとした学びになるとは想像しにくい。

　プロセスの充実には、導入場面における課題設定が重要となる。子供が本気になって真剣に立ち向かう課題を設定するには、次の二つの感覚を利用することが考えられる。一つは、違和感である。目の前に起きている事実と理想の姿とのずれ、既習の事実と目の前の現象とのずれなどを利用するのである。こうした「ずれ」は一人一人の子供にとっては違和感となって全身を覆い、身体を駆け巡る。そこには、「あれ？」「おや？」「なんで？」といった問いが生まれ、顕在化することとなる。そもそも子供の内面には、問いが内在している。そうした問いを引き出し、共有することで、主体的な学びは実現されるのであろう。もう一つは、憧れである。「あんなふうになりたいな」「あんな作品を創ってみたいな」とする憧れの感情は、その方向に向かうエネルギー

を大きく増幅してくれる。目指すゴールがクリアーになり、その方向への道筋が見えることが、学びへの重要な動機付けとなるのであろう。一人一人の子供の姿、表情を思い浮かべながら、導入のイメージを明らかにし授業をデザインしていきたい。

②展開のイメージ：「音声言語の内化と外化」を通して、知識を構造化する場面の整備

　期待する方向に向かい始めた学びを一層充実したものにするためには、プロセスにインタラクション（相互作用）を位置付けることが考えられる。学びのプロセスにおいて、より多くの知識や情報、より異なる知識や情報が加わり、プロセスは質の高いものとなっていく。たくさんの事実に関する知識は構造化され概念となって形成されていく。手続きに関する知識は様々な場面や状況と結び付いて自在に使える能力となっていく。こうしたつながりは活用と発揮によってもたらされる。プロセスの充実とそこでのインタラクションは、知識の活用と発揮をもたらし、結果としてつながり構造化された知識を生成することとなる。

　したがって、豊かなインタラクションを充実させるためには、異なる多様な他者との音声言語を使った対話をすることが有効である。授業において、対話を積極的に行っている学校の中学生が話してくれた。

　「先生の話を聞いているときは、理解しようとしているけれど、友達と話し合っているときは、新しい考えを創り出そうとしています。自分の考えを創り出すときには、自分の知識と友達の知識と外部資料を使っています」

　また、別の学校の子供はディスカッションの後、

　「私は、話し合う方が好きです。楽しいです。ずっと先生の話を聞いていると自分の考えが詰まっていくような気がします。自分の考えを言えるとすっきりします。思っていたこと、たまっていたことが言えると「すーっ」とするんです。「すーっ」

子供が自ら学ぶ姿をどうイメージし、授業をデザインしていくべきか

として、違う考えが出てくるんです。自分の知っていることや気になることが次々に出てくる感じです。そして、だんだん詳しくなっていくように思います。それが、わかるってことかな。さらに詳しくなっていく感じです」

多くの子供に好評な対話の場面では、いかに状況を整えるかが重要である。話し合いのしやすい雰囲気やメンバーの構成、用意する話題や情報の可視化、そうした一つ一つが子供が本来持っていた学びに向かう力を発揮させ、質の高い対話を実現するのであろう。ここに示した他者は、文献やネットワーク上の情報も含めて考えることが大切になる。その意味では、一人一人の子供が友達や地域の人だけではなく、時間や空間を超えて様々な情報にアクセスする姿をイメージし授業をデザインしていきたい。

③終末のイメージ：「文字言語による自覚化」のための振り返り場面の構成

プロセスとインタラクションに加えて、もう一つ重要な要素がリフレクション（省察）になろう。自らの学びを振り返り意味付け、価値付ける。そのことを丁寧に行うことこそが、知識の構造化を確実にする。構造化された知識は、活用だけではなく定着にも向かう。単元や授業の終末に振り返りをしっかり行うことには大きな価値がある。

ここでは文字言語を使うことが欠かせない。音声言語は緩やかに広がるという特性があり、異なる多様な情報を交流したい場面では最適といえよう。一方、文字言語は明示され自覚しやすい。加えて、記録として残すこともできることから共有することにも向いている。この音声言語と文字言語を巧みに使い分けることがプロセスの質を高めていく。

毎時間の授業の振り返りについて、子供はこう話していた。

「書くことは、別に大変ではないです。だってたくさん話し合ったから、書くこともたくさんあります。書いていると考えがまとまっていくので、いい

ことが多いです。書いているときには、何を書くのかを探したり、選んだりしています。自分の考えの変化を見付けたり、理由を考えたり、つなげて整理したりしていきます。だから記憶にも残るような気がします」

単元や授業では、多くの知識や情報を獲得する。そうした知識や情報は単体のままではなかなか機能しにくい。つながり構造化して、精緻化していくことによって、異なる様々な場面で使いこなせるものとなり駆動する状態に向かう。また、安定し定着にも向かう。そこでは、一人一人が熟考する丁寧な内省が大切になる。また、アナログデータだけではなくデジタルデータにすることで個別に蓄積したり、共有したりして活用できることもイメージに加え授業をデザインしていきたい。そのためにも、学習活動で心がけることは一つ一つの言葉の粒を、どのように組み立て、どのような塊を創るか考えることである。この組み立てる局面が対話であり、学びの成果物としての塊を創る局面が振り返りと考えると理解しやすい。そして、そうした学びのプロセスを推進していく源泉となるのが導入における課題や問いということになろう。

Profile

たむら・まなぶ　1962年新潟県生まれ。新潟大学卒業。上越市立大手町小学校、上越教育大学附属小学校で生活科・総合的な学習の時間を実践、カリキュラム研究に取り組む。2005年４月より文部科学省へ転じ生活科・総合的な学習の時間担当の教科調査官、15年より視学官、17年より現職。主著書に『思考ツールの授業』（小学館）、『深い学び』（東洋館出版社）、『平成29年改訂 小学校教育課程実践講座 総合的な学習の時間』（ぎょうせい）、『「深い学び」を実現するカリキュラム・マネジメント』（文溪堂）など。

公立でもここまでできる、学びのイノベーション

前東京都世田谷区立桜丘中学校長
西郷孝彦

どの子にも届く個別最適化の取組

——先生が手掛けた様々な学校改革のうち、校則撤廃は特に注目されました。

校則は、普通に考えれば理にかなっていないことが多い。例えば、靴下は清潔感があるから白と言いながら、セーターは白でなく紺というのでは、理屈に合いません。子どもたちの中には、地毛が茶髪の子もいれば、個人的な理由でスカートをはきたくない女子もいます。ひざ丈のスカートは短くしたら違反となりますが、もともとミニスカートの制服をひざ丈にしたらそれも校則違反となるのでしょうか。中学生らしくと言っても、何が中学生らしいのかという納得のいく答えを持っている大人はいないと思います。個別最適ということが言われていますが、校則は個に合っていません。そもそも、全ての子を同じ教室の中で同じ格好をさせて同じ行動をとらせながら過ごさせるという管理する側の論理で校則は作られているのです。そこで桜丘中学校では、校則について子どもたちと一緒に考えていきました。そうしたら、セーターは「紺のみ」から「紺・黒・グレー」へ、そして「自由」となっていきました。

宿題も、全員に同じことをやらせるのは無意味で

す。自分の課題に即して自分なりの学習を自分の判断で行う方が、その子にとって合理的です。もちろん、単に放任ということではありません。校則はなくても法律はあります。法律に違反することがあれば対応することは当然です。要は、選択肢を増やして子ども一人一人に合った合理的な考えに変えていったら、宿題なし、服装・髪型の自由、授業中に廊下で学習する自由など、これまでの学校常識とは違う学校の姿に変わっていったわけです。

——目指した学校づくりはどのようなものでしたか。

私の学校づくりの目標が「困っている子たちも含めて誰もが楽しく通える学校」でした。日本は「みんな一緒がいい」という社会だし、誰かを違った扱いにすれば「なんであいつだけ？」と目くじらを立てられます。それでは様々に困っている子どもたちに対応できません。ADHDなどの特性でよく眠れなくて遅刻してしまう子や、LD（学習障害）があり、文字が書けないけれどタブレットを持てれば授業に参加できるという子、密な集団になる教室には入れなくても廊下なら居場所があるという子もいます。それなら、みんな登校時間は自由、タブレットの持ち込み自由、廊下での学習もOKとすれば、選択肢ができて困っている子が救われます。自由化しても、結局、大半の子は登校時間に学校に来るし、タブレットも必要なければ持ってきません。最初は

廊下で勉強することに興味を持っていた子も、教室の方が居心地がよければ廊下には来ないのです。子どもを信じて選択肢を増やしていけば、誰も特別扱いすることなく、個別最適な環境ができると思います。そして、このことによって、子どもたちは自らの特性を知り、自分で考え判断して、自分の責任で行動することを学んでいくのです。

非認知能力を育てて子どもの可能性を拓く

──桜丘中で子どもたちは何を学ぶのでしょうか。

これから子どもたちが生きていく不確定な未来では、ただ教わったことだけでは役に立たない時代に入ってきました。自分で経験して得たものしか役に立たないということです。ですから、子どもたちに何をどう経験させるかということが大事です。プロジェクト学習のように自ら答えや成果物を求めていく協働的な活動が大切だと思っています。そのためには、教師の新しい発想や子どもたちの自由な考えを大事にしたいと思うのです。

例えば、英語だけで行う家庭科の調理実習を提案されればすぐに取り組んだりします。CLIL（Content and Language Integrated Learning、内容言語統合型学習）と言われる、内容を英語で学ぶ学習ですが、教師の持ち味を生かそうとすれば、新しい試みにもチャレンジできます。ICTに長けた理科教師が３Dプリンタで心臓模型を作る授業を行ったりもしました。やる気のある教師には、必ずこんな授業をやりたいという思いがあります。それを実現していくことが子どもの学びを広げることにつながると思うのです。

もちろん、受験制度や学校制度の現実は無視できません。桜丘中でも、プロジェクト学習ばかりをやっていくことはできません。大半の授業は一斉授業となりますが、管理職として意欲のある教師の発想をいかした授業づくりを援助してあげることも大切なことと思っています。

そして、子どもたちには、課外で自由なことができる時間をたくさんつくります。英検サプリ、ボーカルレッスン、料理教室、ギター教室、夜の勉強教室などといったカルチャークラブの取組、学校の廊下での麻雀大会、年に一度の花火大会、浴衣で授業に出たりする「浴衣の日」、地域の町会・商店・警察署なども参加する「さくらフェスティバル」など、課外で子どもたちが活躍するイベントは盛りだくさんです。そんな自由な活動から、単身ニューヨークのダンス教室に飛び立った生徒や、ロボット競技世界大会を目指すコンピュータ部、自力でベネズエラ支援団体を立ち上げた女子生徒など、広い視野を持って自分の可能性を広げていこうとする生徒たちも目立ってきました。

──どのような力が身に付いていくのですか。

このような子どもたちの育ちは、ペーパーテストで測れる学力ばかりでなく、非認知能力を測定することで理解することができます。非認知能力が高い子どものほうが、将来の「成功」する確率が高いという研究成果があるからです。そこで、桜丘中では、①子どもの言うことを否定しない、②子どもの話を聞く、③子どもに共感する、④子どもとの触れ合いを積極的に行う、⑤能力でなく努力を認める、⑥行動を強制しない、ということを徹底します。

これまでの実践をもとに桜丘中の子どもたちの非認知能力についての検証を行ったところ、①子どもたちは強制されるのではなく自分から学びたいと思って勉強している、②自分の将来は運命で決まっているのではなく努力で変えられると思っている、③困ったことがあっても必ず誰かが助けてくれると思っている、そして④喜怒哀楽を自由に出してよい・出せる、という傾向が分かりました。これは、心の育ちにもつながっていると感じます。１年生の

時にはいじめも見られますが、2年生になるとほとんど見られなくなり、3年生ではいじめは皆無になります。人は違っていていいという価値観を持てることで、他を認めながら自分らしく生きることを体感的に分かっていくのだと思います。

子どもたちは凸凹した存在です。そこに平面的な一斉指導をすればそこに接点を持てる子どもは少ないでしょう。子ども一人一人にフィットした柔軟な環境をつくることで、誰一人取りこぼさない教育が実現できると信じています。

やって見せれば教師は変わる

──様々な取組を通して教師にも変容は見られましたか。

まず、経験の少ない若い教師に伸び代があります。特に新採用ならば教師の経験が全くないので真っ白。だから、私は、気負わずにそのままでいなさいと言います。失敗してもいい、むしろ沢山失敗しなさいと。子どもの命に関わる失敗でなければ歓迎です。失敗したら「ごめん」と謝れる関係性を子どもたちとの間に築けていればいいと思っています。失敗から得るものはありますが、失敗しないために何もしなかったら何も得られません。そうして成長する姿が校長としての楽しみです。職員室の担任になった気持ちになって、失敗する教師も愛おしく思っていました。もちろん、失敗したら私が助けてあげますけど（笑）。

途中で躓いてしまう教師もいます。秋ごろになると「自分の力では無理。辞めたいです」と言ってくる初任者が出てくることがあります。そこからが校長の勝負。その教師が持っているいいところを「誉め殺し」しながら、新しいチャレンジをさせていくとみるみる立ち直っていきます。反対に家庭が悪い、環境が悪いと人のせいにする教師は「辞めたい」とは絶対に言ってきません。子どものことを思うからこそ「辞めたいと」と思ってしまうのです。だから一度は「辞めたい」と思う教師ほど見込みがある。私は、秋になると誰か「辞めたい」と言ってこないかと楽しみにしていました（笑）。

──具体的な成長戦略は。

校長がやって見せるのが一番です。どうすればうまくいくかを教師の前で"実演"して見せることが早道だと思っています。例えば、保護者対応で困っている教師には、校長室で対応してもらいます。何気なく私は自席で仕事をするふりをしながら話を聞いています。その間は、頭をフル回転させて話の持って行き方、落としどころなど臨機応変にストーリーを立てながら、ここぞ、というチャンスに介入します。些細なことかもしれませんが、応談の際にはお菓子やお茶を置いて和やかな雰囲気をつくっておくことも肝心です。そうして最後はハッピーにしてお帰りになっていただく。目を吊り上げて来校した保護者がにこやかに退出していく姿を見せることで、教師は保護者対応にも見通しを持つことができます。保護者も教師も、子どものために話し合いをするわけですから共有できる部分は必ず見つかります。ですから自分なりの意見をはっきりと保護者に伝えることも教えます。校長が教師のロールモデルとなることが大事だと思っています。

なかなか言うことを聞いてくれない教師には、その人の専門性の部分で勝負します。例えば、ある英語の担任がそうした教師でしたが、私が一生懸命に勉強して英検1級をとったら、いい関係性を築くことができました。これもやって見せることの一つです。

──働き方など環境整備については。

子どもたちとの関係性をつくるためには、教師が「人としての魅力」を持つことが大事だと思っています。雑学を得たり、自分の世界を広げたりして自分を磨く時間を持てる余裕が大切です。ですから、

部活は週10時間で水曜日は禁止にして、できた時間で映画を見たりデートしたり、様々な経験を積むことを勧めてきました。授業の力量はもちろん大事ですが、教師が会話の幅や人間性を広げて子どもたちと接することができるようになることが、教師の仕事の魅力でもあると思っているのです。要は、学校外の社会や物事にも対応できる力を高めたり、ありのままの姿で子どもと接することができるようになることで、教師の成長は図れると思っています。

一人を大事にすれば 全体もよくなる

──先生の教育観を教えてください。

思春期の子どもたちは様々なことに悩んでいるけれど、学校生活の悩みについては、どの子も同じような事で悩んでいることが多いのです。ですから、一人の子をしっかりと観察してその子の悩みが分かれば、子どもたち全体の共通した悩みが見えてきます。フラクタル図形というのがありますが、これは図形の一部が実は全体の形を表しているものです。つまり、全体ではなく一部を丁寧に観察すれば、かえって全体が見えてくる。このような発想で、一人の子をとことん観察することで全体をよくするということができると考えています。

また、これも私なりの理系的な考えですが、同じ時代、同じ時間、同じ空間を特定の子どもたちと共有するというのは確率的にはほぼゼロです。そんな奇跡のような出会いであるからこそ、共に豊かに生きることに大きな価値があると思うのです。そう考えれば、子どもたちを旧来の学校の論理によって等質の集団として扱うよりも、子ども一人一人を大事にしながら教師と子どもが共に生きていく学校であることが大切なことだと思います。

桜丘中学校の生徒たちは、学校で伸び伸びと過ごす間はよいけれど、卒業してやがて社会に出ると困るのではないか、ということがよく言われます。しかし、私はそうは思いません。彼らは桜丘中で、自分たちには価値があり、社会を変えていく力があることを知ります。学校の学びとは、社会に適合するためにするのではなく、よりよい社会を創るためのものです。これからの社会の担い手になる子どもを育てることがこれからの学校の使命であるわけですから、子どものあらゆるニーズを拾うこと、子どもの自主・自立、そして自治を大切にすることは学校教育の当然の姿であると思います。

──学校現場へのメッセージを。

教師として若いうちは自分が影響を及ぼす範囲は限られます。経験を積んでいくことで、自分のクラス、自分の学年、自分の学校とその範囲は広がっていきます。どういうクラスにしよう、どんな学年にしよう、どんな学校にしようかと希望を持ちながら歩んでいくことが大事です。そうした中で、本当に自分が理想とする教育を行おうと思えば、できるだけ早く校長になることをお勧めします。公立学校は私立とは違い、人・もの・金のベーシックは保護されています。ですから、何をプラスアルファして工夫を加えればよいのかを考えながら安心して取り組んでいけば、意外といろいろなことができます。いろいろな取組を通して子どもと共に生きる楽しさを実感できる教師、そしていつかは校長になってほしいと思います。

（取材・構成／本誌・萩原和夫）

Profile

さいごう・たかひこ　1954年横浜生まれ。上智大学理工学部を卒業後、1979年より都立の養護学校（現：特別支援学校）をはじめ、大田区や品川区、世田谷区で数学と理科の教員、教頭を歴任。2010年、世田谷区立桜丘中学校長に就任し、生徒の発達特性に応じたインクルーシブ教育を取り入れ、校則や定期テストの廃止、個性を伸ばす教育を推進した。2020年3月退官。現在は講演、執筆活動などで活躍中。

子どもが自ら創る「セルフ授業」

高知県7市町村教育委員会授業改善アドバイザー
西留安雄

「セルフ授業」とは

　学力が向上した学校の多くは、一人のスーパーティーチャーが活躍するのではなく、全教師が活躍している。昔のような名人芸に近い授業をする教師が授業をする学校ではない。その授業は、教師中心ではなく、「子ども活躍型」の授業だ。

　「主体的・対話的で深い学び」の核心は「子どもが授業を創る学習」である。子どもが学び合いの中で自分の考えと違うときは相手に質問し、仲間と心を通わせ話し合い、分からない仲間に教える、そんな授業だ。

　子どもたちが主体的な授業を創るためには、子ども自身が学び方を習得する必要がある。それには、指導者側に時間や労力がかかる。しかし、いったん子どもたちが学び方を身に付ければ、自分たちですいすいと授業を進めることができる。

　「セルフ授業」とは、このように子どもたちが教師を頼らず自分たちで進める授業だ。街角にセルフガソリンスタンドやセルフレジがあるように、学校にもセルフ授業があってもよい。セルフ授業はすでに全国で始まっている。

まずは学び方を身に付けさせる

　セルフ授業の前に行わなければならない授業は、①子どもが主体的な授業、②子ども同士が対話をする授業、③子ども同士が深い学びをしていく授業等だ。子どもたちが学び方を身に付けていなければならない。私たちは、そのためのテキストとして全教師が教科を越えて授業を進める「学習スタンダード32」を開発した。高知県では、「高知県授業づくりBasicガイドブック」（高知県教育センターHP）だ。いずれも導入から、学び合い、まとめ、振り返りまでの授業の流れが具体的に示されている。また、子どもや教師の動く場面も掲載されている。高知県の初任者は、研修用の必修テキストとして持っており、授業づくりには必要なアイテムとなっている。

　当初は教師向けの「学習過程スタンダード」として開発した。それが子どもたち自身が教師と同じように学び方を身に付けるナビゲーションにもなっている。「学習過程スタンダード」は単なる「型」ではないかという厳しいご指摘もある。だが、子どもたちだけで授業を進めている姿を見れば、そのよさが十分にお分かりになると思う。

「セルフ授業」の取り組み方

「セルフ授業」とは、教師の一方通行型授業（教師の教え込み）や一問一答型授業（教師の教え込み）ではなく、子ども同士が交流をする授業（アクティブ・ラーニング）のことだ。その中で教師抜きの授業を「セルフ授業」と称している。

セルフ授業を始めたきっかけは、2つある。第1に、学級を2分割して人数を減らして子どもたち同士で考えを深め合う学習活動に取り組み、これを「セルフ授業」とネーミングした。高知県の教師は、複式学級を多く経験しており、子どもたち自身で進める授業を日常的に行っているのでセルフ授業はとりわけ特別なことではない。第2に他学級の研究授業を教師が参観するとき、これまでは自習を行っていたが、この時間を教師抜きのセルフ授業とすることで、自習を授業の時間に変えることができると考えたことであった。

当初のセルフ授業に取り組んで、初めは予想しなかったことが起きた。教師抜きで子どもたちだけで主体的に学ぶようになったことだ。授業は教師から教わるもの、という学校常識が覆ったのである。

セルフ授業が実現するためには、子どもを信じ、授業を子どもに委ねるという教師の姿勢が必要である。こうしたことは、いきなりできることではない。子どもたちが学び方を習得し、自分たちのサイクルで授業ができるようになるには時間がかかる。さらには、これまで教師が行ってきた板書や授業準備等も子どもたちが担当することになる。学び方を身に付けてこそセルフ授業は成立するのである。高知県内では、学期に1回、「セルフ授業大会」を行っている学校もある（本誌p.28参照）。

授業観が変わる

子どもたち自らが授業を進めれば子どもの主体性が育つことは間違いない。「教師を頼らない」と言う子どもが出てきたら本物だ。それよりも、教師のこれまでの授業観が変わることが「セルフ授業」の特色である。教師自身が学校時代に受けてきた授業をコピーするような姿があるのはよく言われることだが、それでは教師は変われない。セルフ授業は、この常識を覆すものであり、だからこそ教師は変われる。

さらにスーパーティーチャーは必要ではなく、全教師が教科等横断的に学習過程のスタンダードを身に付けることで授業力が上がる。子どもたちは、クラス担任や教科の担当が替わっても、教科等を越えて同じ授業方法を学んでいれば戸惑いはない。セルフ授業は、子ども同士で教え教えられたりすることが多いので、学習の苦手な子も進んで学習に参加できるようになる。

最後に学力が向上することは確かだ。教師がいなくなるセルフ授業でも同じようにノートやタブレットを使い自分の考えを確実に書く。これが学力の向上につながっている。

セルフ授業の手順

これまで一日の大半を「分かる子と先生だけの授業」の中で過ごす子どもを見てきた。そうした授業を見るたびに、授業を根本的に変えなければという思いが強くなった。全員が活躍するような授業であれば子どもは、楽しく授業に参加できる。まずは、一斉講義型授業からアクティブ・ラーニングに変え

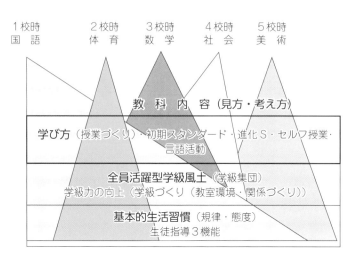

（参考　新潟市教育委員会「授業づくりガイドブック」に加筆）

図1　授業の4層構造

なければならない。**図1**のように、授業は、毎時間、学習する内容は教科により違う。だが、学び方の指導（学習方法）や全員活躍型学級風土づくり（学級集団）や基本的生活習慣の育成（規律・態度）等は重なっている。重なる面の学習過程スタンダードによる授業、学級力の向上、生徒指導の工夫等は、全指導者が強く意識することが重要である。なお「学び方」の指導は、段階があるので注意して指導をする必要がある。

　授業の4層構造のうち、さらに「学び方」の第4段階を紹介する（**図2**）。まず教科内容の指導を行う前に学び方を指導する。学習過程スタンダードや

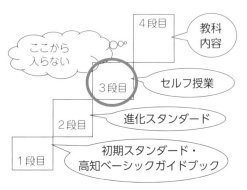

図2　学び方の4段階

ベーシック型の授業は固まった「型」ではない。学び方が進化していくので常に更新されていく。まず、子どもたちは初期の学習過程のスタンダードやベーシックな授業スタイルを学ぶ。その学び方を身に付けると次にいわゆる進化型スタンダードを学ぶ。身に付けた学び方を子どもたち自身で活用していくのである。この段階で子どもたちは「教師を頼らず自分たちで学ぶ」方法を身に付ける。ここまできたらほぼ学び方は完成だ。これで「セルフ授業」が可能となる。

セルフ授業で子どもは変わる

　セルフ授業を行うのは、子どもたちが自分たちの学び方の向上と学力（思考力・表現力・判断力）向上、そして副産物的に得られる仲間意識や達成感などを得るためである。そこには「見てもらうために」という意図はほとんどない。でも見てもらえる時には、子どもたちはスポーツの試合に出ているような「ワクワク感ドキドキ感」を感じている。だか

ら「セルフ授業」を公開授業にする場合に、高知県越知町立越知小学校や高知市立浦戸小学校のような「セルフ授業大会」という「大会」を付けた開催となっている。

　学習をする時に、子どもたちが常にワクワク感ドキドキ感を感じることができる時は、そんなにない。また、学び合い「考察」がしっかりできる道のりは、そんなに簡単ではない。そのような中で学習過程スタンダード実践校の子どもたちはなぜセルフ授業をいやがらずにどちらかと言えば喜んで行おうとするのか。その理由を考えてみた。子どもが夢中になる6か条というもので、おもに体育・運動遊びについて書かれたものであるがセルフ授業にもあてはまる項目が多くあることに気づく。

　セルフ授業がうまくできたら、先生にも褒められる。また、セルフ授業の基本は、肯定的評価であるから、授業中に認め合う場面は多い。4の項目については、セルフ授業には、勝負がありそうではないが、子どもたちは、「みんなが考えてみんなが分かったら勝負に勝った」という感覚を持っている。だから「大会」というネーミングにも違和感を持っていない。6の「考え、創造できる」これこそ、学習過程スタンダード授業が求めている真髄である。一番難しいのが、1であろう。全員が深い学びの域まで到達した授業はまだ道半ばだ。

子どもが夢中になる6か条
1　できるようになる
2　次々と挑戦する課題がある
3　認められる
4　勝負の楽しさを感じる
5　良好な仲間関係
6　考え、創造できる

　以上、子どもたちがセルフ授業に前向きに向かうのはなぜか、おおよそつかんでいただけたのではないだろうか。セルフ授業は、「子どもたちのものである」ということを直に感じさせてくれるし、それが教師の「働き方改革」にも確実につながる。

子どもの変化に歓喜

　沖縄県の南城市の佐敷小学校も学習スタンダードを全校体制で取り組んでおり、セルフ授業も行っている。教師たちから聞いた言葉が心に残っている。

　「学習過程スタンダードやセルフ授業は、すぐに子どもたちの変化が現れた。子どもたちが活き活きと学習にのめり込むようになった。なによりも衝撃的だったのが、学習に苦手を感じている子たちが、自分から輪に入り、みんなと一緒に授業に参加し、しかも活躍する場面が見られるようになった。これまで、私たち教師は、授業の中で学力の低い子たちをどのように参加させ、自信を持たせていくかということに長い時間、努力と工夫を重ねてきたはずである。それが、一瞬で解決した」。

　この言葉を聞き、私も感激した。

Profile

にしどめ・やすお　東京都東村山市立萩山小学校長、同市立大岱（おんた）小学校長、高知県教育委員会スーパーバイザー・高知県教育センター若年研修アドバイザーを経て、東京都板橋区稚竹幼稚園長、高知県7市町村研修アドバイザー。大岱小学校では校長として7年間在職。この間、指導困難校だった同校を、授業と校務の一体改革によって都内トップクラスに押し上げ、優秀な教員も輩出させた。現在、北海道から沖縄県まで、多くの学校現場で通年授業アドバイザーなどを務め、学力向上の指導に当たっている。

「教材開発」が教師の本務！
肩肘張らないSTEAM教育

東京都世田谷区立桜丘中学校

3Dプリンターを授業で使おう!

　筆者（西郷）は、ゴールデンウィーク明けから開催されるEDIX（教育総合展）には、毎年必ず行く。教育に関わる最先端の機器や知見に触れることができるからだ。新しい教材の発掘に余念のない意欲のある教員にも、面白い教材が見つかる絶好の機会となる。理科、技術、音楽、英語……、多彩な教科の教員の授業を何とかやり繰りして、一緒に東京ビックサイトの会場に向かう。

　EDIXは「学校・教育現場のあらゆる課題解決に役立つ最新の製品・サービスが一堂に集まる、日本最大の教育分野の総合展」と謳っているとおり、教育IT関係のソフト教材からハードウェア、大手コンピューター関連会社のプレゼン、音楽機器にいたるまで最新の製品が展示されている。

　会場で3Dプリンターの実演を見たとき、これは面白いと思った。授業でうまく使えれば、きっと子どもたちの興味をうまく引き出せるのではないか。子どもたちの喜ぶ姿が目に浮かんだが、当時は、一番安いモノクロの3Dプリンターでも一台7万円ぐらい、カラーでは20万円以上の値段で、学校の限られた予算では、おいそれと購入はできない。そこ

で、区立中学校の教育研究会で理科部長をしていた私は、会全体で余剰になった予算を使わせていただき、理科部の共有備品として3Dプリンターを購入する可能性が出てきた。

　この話を新規採用2年目の理科の教員にすると「実は僕は大学で3Dプリンターの研究をしていました」と言うのでびっくり。誰に相談しようか思案していた私には渡りに船、さっそく理科の授業で3Dプリンターを使えるか、考えてもらった。

　授業の内容は、まず教員が3Dプリンターで作った「2心房1心室」の両生類の心臓模型を使って、色の違う水を循環させる実験を通じて、動脈血と静脈血が混ざってしまうという不都合な構造を発見できるようにする。「その心臓がどのように進化したら、もっと効率良く血液を運べる心臓になるか？」を話し合い、3D CADを使って「より進化した心臓」の模型を3Dプリンターで製作するというもの。実際に、3Dプリンターから出てきた模型を手にした生徒は、「パソコンでの画面で作った、そのままの実物ができる！」と目を輝かせた。「なんで人間は2心房2心室が必要かって、なんとなくわかってきた」「実際に自分がデザインした通りのものができるなんて、ワクワクする」「自分たちで心臓の模型を作ることは難しいし、時間もかかる。3Dプリンターだと、こんな風にあっという間にできるのがす

それぞれの「心臓」を自分たちで考え、作成していく

フリーの3D CADソフトを使ってレンダリング

ごい！」と楽しく実験をしながら、50分の授業はあっという間に終わる。

　美術の教員からもカラーの3Dプリンターを使ってみたいという提案があった。美術では生徒の作品を評価対象にすることが多いが、上手に絵を描いたり、精密なオブジェや模型を作るには、「手先の器用さ」が必要である。一方で、発達に特性があり、うまく手先をコントロールできない生徒や、知覚過敏で粘土のようなものには触れないという生徒もいる。どんなに素晴らしいイメージを頭の中に描いても、それを作品にすることが困難である。しかし、3Dプリンターであれば、頭の中のイメージをそのまま出力できるようになる。いままで、「手先の器用さ」の評価になってしまっていたものが、どんな独創的な「イメージ」を持てるかの評価にすることができた。

CLIL（クリル）？

　桜丘中学校では、実用英語検定を子どもたちが外部の会場で多数受験していた。そこで生徒と一緒に英検を受験したら面白いだろうと、同じ会場で生徒と一緒に受験するようになった。その過程で、スマホ用の英語学習アプリの活用、YouTubeの英語授業等、学校では教えてくれない英語の勉強の仕方を学ぶことができた。

　その一つが、「CLIL」である。CLILはContent and Language Integrated Learning（内容言語統合型学習）の略称である。CLILはヨーロッパを中心に世界的に広がる言語教育アプローチで、最近は日本でも、小学校外国語活動、中学・高校英語授業、そして大学での英語及び他専門授業にわたって、少しずつだが着実に広がりを見せてきている。従来型の教育観から言えば、「学ばずして、どうやって使えるようになるのか？」「だから、まず今は学ぶことに徹して、しっかりと定着したら使っていけばいい」となる。しかし、CLIL的な観点から言うと、次のような逆の質問になる。「使うことなしに、どうやって学ぶことができるのか？」「使うからこそ、その必要性や重要性がわかり、学びが進むのではないのか？」。使うからこそ、学ぶべきポイントがはっきりと見えてくるのであり、それが、「もっと学びたい。しっかりと学ぼう」につながっていく。そして、学んだ後は、それを試してみたくなり、使う中でそれが機能することを確認していく。その過程で、学びは自然と深くなり、学習の動機づけも強くなる。

　桜丘中のCLILのアプローチは、大きく二つに分けられる。まず、教科書ベースの授業では、例をあげると、ホームステイを扱う単元では、"Do's & don'ts during homestay"という課題を設定して、アメリカではYou have to change classrooms for every subject.であるが、さて日本ではYou don't have to ...？などと考えさせながら、目標文法を使わせ、異文化・自文化の学習と、義務の助動詞の学習を融合させた授業を行う。

　他方、合科型授業では、「英語でロボットのプログラミングを習得する」「英語で海苔巻（sushi roll）の調理実習を行う」という技術・家庭科とのコラボの授業、保健体育の授業でバスケットやバレーの試合を全て英語（時にはフランス語！）で進めるとい

オールイングリッシュで海苔巻の調理実習

　桜丘中学校では、授業で取り込めない個人の教育的ニーズを、放課後の活動として援助している。授業内では扱いきれないいわゆるSTEAM教育等を実現するために、個人の興味・ニーズに沿っていろいろな活動を準備している。特に強調したいのは、講師や指導者は教員ではないということである。例えば英検サプリでは実際に英検の二次試験で面接官をしている方、コンピューター部には電子レンジを日本で初めて作られたというハードの設計が専門の方やIT系の大学院生、ボーカルレッスンではプロのジャズシンガーとそれぞれ一流の専門家の方々を呼んでいる。

　ここでは、字数の都合で全部の活動を紹介できないので、主な活動を列挙することにとどめる。詳し

うような授業である。英語の教員全員で、田町にあるOZOBOTの販売会社を訪ね、プログラミングを学んできたり、銀座で外国観光客人向けに和食の作り方を教えている講師を呼んでくるなど、CLILの導入で苦労したが、今では楽しい思い出である。

　プログラミングを使ったCLILが一番効果的だったのは、1年生の習熟度別のベーシッククラスである。「まったく英語に興味がなかった子どもたち」が、目を輝かせて英語に取り組むようになった。英語の説明を熱心に聞き取り、簡単な英語で質問しては"GO FOWARD""TURN""STOP"などの命令を嬉々としてPCに打ち込む姿が見られた。多くの生徒たちが、英語学習に意味を見出せない第一の原因は、学習目的が不明確であることと、学びが単調で退屈なことにある。学習と使用の順序がどうこうということよりも、両者の価値を認めたダイナミックな学習観こそが、停滞した教育状況からの打開策となることが実施してわかった。

ボーカル教室の講師はプロのジャズシンガー

毎年10以上のバンドが誕生する

2021年は全国4位に入ったFLLチーム

い内容は、本校に問い合わせるか、拙著『校則なくした中学校　たったひとつの校長ルール』あるいは『「過干渉」をやめたら子どもは伸びる』を参考にしていただきたい。

- 英検サプリ　実用英語検定を通じてさらに英語を伸ばしたいという生徒向け。
- 夜の勉強教室　いわゆる「子ども食堂」も兼ねた自習教室。近隣の個人塾の先生が来て教えてくれる。月3回、夕食付き。
- ボーカルレッスン　ポップスやロックなどの歌唱法を習いたい生徒向け。
- 「炎のギター教室」　ロックやポップス系バンドを組んでみたい生徒向け。
- 料理教室　家庭では作らない専門的な料理を作りたい生徒向け。スウィーツも人気。
- FLL（FIRST LEGO LEAGUE）　コンピューター部内の活動で、FLLは全国大会にも出場するための生徒向け。ロボットを作成して、与えられた課題を時間内にクリアーする。

※FLL Challengeは9歳〜16歳の青少年を対象とした世界最大規模の国際的なロボット競技会。1998年に米国のNPO法人「FIRST」とレゴ社によって設立された。

■ これからの学校教育に求められるもの

総務省統計局の日本の統計の「人口の推移と将来人口」（https://www.stat.go.jp/data/nihon/02.htm）のエクセルデータをみると、今後、総人口の減少と共により大きく生産労働人口が減ることがわかる。つまり、日本国内の経済活動は急激に減少していくので、10年から20年後には、ほとんどの業種の企業が海外との取引や進出が必須となってくる。つまり、必要となるのは、英語を主とする使える外国語、ITに関する技能などである。

2年技術の授業　ロボットのPepperから筆箱に入るコンピューター「マイクロ・ビット（micro：bit）」のコーディングを教わる

さらに重要なのは、Diversity（多様性）に対する理解と容認である。ロシアのウクライナに対する軍事行動のような国際的な紛争や対立は、宗教や歴史、文化、風習等の多様性を認めないことに起因しているといっていい。むしろ違いがあるからいいのだ、という考えに立つことにより、はじめてコミュニケーションは成立する。

子どもたちに自国の文化に対する理解を踏まえて相手の文化も尊重し、自分の意見や考えをしっかりと発信するスキルが足りない。それは、自分自身で考える、答えを出すまで考え抜く訓練を学校でしてきていないからである。そこを根本から変えないと、世界を動かすような日本人のリーダーは増えていかないのではないか。

かつての日本では、労働集約型の仕事において十全に機能する質の高い人材を数多く社会に送り出すため、平均点を底上げする必要があった。だからこそ、均質的な教育に意味があり、その結果、「自らすすんで手を挙げる」ことはできなくても世界トップレベルに追いつけるだけの学力は手に入れることができた。今はもうそれでは許されない。今後は、質問しない→自分の意見がない→問題意識がない、と見なされ、国際社会では相手にされないだろう。

（前校長　西郷孝彦）

授業から事後研まで、児童が行う「セルフ授業」

高知県高知市立浦戸小学校

■ 学びの土台「うらどベーシック」

　本校は児童数46人（令和4年4月現在）、複式学級が2学級（2・3年と4・5年）ある小規模校である。

　平成30年度より、児童の「主体的・対話的で深い学び」を目指した授業方法「うらどベーシック」に取り組んでいる。今回のテーマ「セルフ授業」は「うらどベーシック」を児童、教員の双方が習得することによって、児童の主体的・対話的に学ぶ力（コンピテンシー能力）を引き出すとともに、教員の授業力の向上を目指して取り組んでいる実践研修の1つである。

　したがって、セルフ授業の前に、「うらどベーシック」の考え方、実践の概要を説明する。

　本学習を実践するにあたって本校が確認していることは、次の5点である。

（1）授業プロセス

　1時間の授業は【問題→気付き→課題→見通し→ひとり学び→とも学び→考察→まとめ（→練習問題）→振り返り】のプロセスをたどる。これを基本に教科領域毎にその特性を生かした工夫をしている。

（2）学習者主体の学び

　児童の学習リーダーが中心となって児童主体で学習を進めていく。教員はそのコーディネーター役に徹することができるようになることを目指す。

（3）教員の役割

　1時間の時間配分をシラバスとして提示し、それに沿って学習を進める。また、児童が主体的・協働的に学習できるように授業前に板書を準備。板書にある問題やキーワード、既習事項を道しるべに、児童が自ら思考し学ぶことができるよう学習環境を整える。

（4）ノート指導

　自分の考えを書くことを大切にする。「まとめ」は、キーワードを活用して児童が自分なりのまとめを記述できるようになることを指導する。学習の中でインプットした考え方や知識をアウトプットすることによって児童自身が理解を深めるためである。

（5）協働できる学習環境を整える

　「とも学び」、「考察」といった協働的な場面では、聴覚だけでなく視覚的にも相互交渉できるよう、ホワイトボードやタブレット等を活用する。本校には、教員の工夫により児童が話し合いに活用するホ

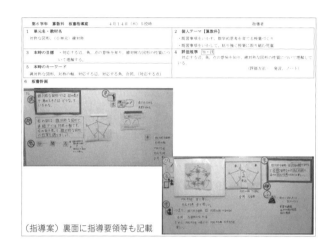

（指導案）裏面に指導要領等も記載

ワイトボードが現在5種類ある。

　このように児童が主体的・協働的に学ぶことができるよう様々な工夫をしながら、より良い学びを目指して「うらどベーシック」は常に変化している。重要なのは、これらのことが教員個人の工夫や変化ではなく、全ての教員と児童が作り上げていることである。

■ 実践研究は児童とともに

　本校では学習の主体者である児童と教員が、授業プロセスや学び方を考え合う場として、月1回の全学級授業公開日を設定している。

　教員は、授業公開の1週間前に指導案検討会を行う。指導案をもとに、自分の学級の課題に対してどのような工夫でアプローチしていくかをそれぞれが

説明し、簡単に意見を交わす。同僚からの意見に納得がいけば指導内容を修正する。

　当日の午前は全学級が授業を公開し、全教員が参観する。その間児童は自分たちで学習している。午後からは、1学級の授業を全児童で参観する「子ども授業研」や児童だけで学習を進めるセルフ授業を全ての学年で行う「セルフ授業大会」を実施。どちらの場合も終了後に、児童が授業について話し合う「子ども事後研」を行う。

　「子ども事後研」は、企画委員会の児童をリーダーに、自分たちの学びの良いところや課題を話し合う場である（セルフ授業については後述）。放課後は教員の振り返りを行う。簡単に話し合いをした後、A41枚程度のレポートを書いて研修は終了する。

　このような校内研修が毎月1回、年間10回程度実施されている。毎月できる仕組みがある。まず、

毎日やっている「うらどベーシック」の授業を公開するのだから、授業自体は何ら日常と変わることがない。指導案は写真板書指導案である。作成した板書を写真にとればほぼ完成である。また、話し合いの時間を短縮するために、指導案は教職員の共有ドライブ内にデータ提出。授業に対する意見は、参観しながらデータ上の板書にダイレクトに書き込んでいく。授業終了後には授業者のもとに参観者の意見が届いており、すぐに確認できる。話し合いは次の課題の確認に焦点化しているため短時間で済ますことができている。

全員授業公開日を設けて5年目となる。本校の授業実践に欠かせない研修となっている。

■ 「セルフ授業大会」の実際

セルフ授業とは、教師の一方通行型授業や一問一答型授業ではなく、子ども同士が交流をする授業（アクティブ・ラーニング）のことだ（本誌p.20参照）。その中で教師抜きの授業をセルフ授業と称している。

実は本校がセルフ授業に取り組み始めたのは、初期スタンダードに取り組んでいた頃である。なかなか従来の指導者主体の授業から抜け出せない教員に

セルフ授業6年生

セルフ授業1年生

「子どもは主体的・協働的に学ぶ力を持っている」ことに気付いてもらいたいと考え、研修として設定。やらざるをえない状況を作り出すために始めた。

5年目となる現在、子どもたちが自分たちで学ぶ姿が日常でも見られるようになっている。出張等で担任が不在であっても学習が進んでいくことはもはや当たり前になりつつあるが、「セルフ授業大会」は続けている。

「セルフ授業大会」の実際を説明する。担任は、通常の授業同様にキーワードや資料、学習方法を提示した板書を準備して教室を出る。上級生になると課題だけしか知らせないこともある。自分の学級には終了まで顔を出さないことがルールである。かわりに他学年の授業を観察する。同僚が日頃どのような指導をしているか、子どもたちがどう課題にせまろうとしているのか学ぶ。授業後の「こども事後研」では、児童が中心となって他学年はどのような学習をしていたのか板書やノートを見て学び、自分たちの学び方を振り返り、次への課題を考える。他学年からの感想や意見は子どもたちの励みになったり、時には発奮材料になったりしている。

「セルフ授業大会」は、始まってしまうと言い訳もごまかしもきかない。その時の子どもの姿、私たちの指導力をありのままに見せてくれる鏡のような存在である。

セルフ授業が時間内に終わらないことがある。初

こども事後研

期段階では、課題の見通しで時間を取りすぎて考察までたどり着かなかった。それは、子どもたちが自ら課題の見通しを持てるところまで、私たちが指導できていないということであった。ではどうすればよいかを考え、実践を繰り返しながら、「うらどベーシック」の見通しの持ち方を作っていった。また、上手く子どもたちだけで見通しを持てるようになると、次は考察が十分にできない現実に直面した。個々の意見を大切にしながら、よりよい考え方を見出し、結論付けるとはどういうことなのか指導すべき大人が分かっていなかったことに気付かされた。比較や対比、構造化しながら思考を構築していくことを、子どもたちとともに学んだ。

教員にとって「セルフ授業大会」は子どもたちの成長や自分の指導を振り返る場となる。また、1年生から6年生までの6年間の学びを一度に観察できることから、学びの連続性を子どもたちとともに確認しあうこともできる。子どもとともに、学習の在り方を考えることができる貴重な研修の場となっている。

■ 授業が学校をつくる

6年前26名であった児童数は46名まで増えた。本年度特認校制度等を活用した校区外児童の割合は70%となった。年々この割合は大きくなっている。

6年前の学力調査では、高知市の平均にも届かない学校であったが、市や県、全国の平均を超えることができるようになった。それとともに、生徒指導上のトラブルも減った。児童はそれぞれ課題を抱えているが、協働して乗り越える力も育っている。

保護者や地域も学校を信頼し大切に思ってくれている。ひとえに子どもたちが充実した学校生活をおくり、力をつけていると思ってくれているからだと考えている。

昨年度3月、6名の児童が卒業した。本校の卒業式では、卒業生は自分の6年間の学びを自分の言葉で語る。その中の一人の言葉を紹介する。

> 私は浦戸小学校に転校するまで、別の小学校に通っていました。そこは全校児童が300人を超えていてとても人数の多い学校で、先生中心に授業を進めていました。
>
> 浦戸小に来て最初は全く違う環境で少し不安だったけど、児童が授業を進める姿を見て今までの不安も吹き飛び、「すごいな、私もこうなりたいな。」と思いました。
>
> あれから3年たった今、国語や算数では学習リーダーをし、少しでも過去のあこがれに近づくことができたと思います。これからも、この浦戸小学校で学んだ主体的に行動していくことを続けていきたいです。（以下略）

本校は、全国にある普通の公立の小学校である。教育課程は、学習指導要領の示す内容を理解して学習指導を行うように常々指導している。学習指導要領が示す「主体的・対話的で深い学び」の実現を追い求めている。そのために、多くの先進校も参考にさせていただいて現在に至っている。

これからも、児童と教職員が学びつづけることができる学校を目指して授業実践に取り組んでいきたいと思う。

（校長　藤田由紀子）

協働し、主体的に学ぶ児童の育成
自由進度学習の取組を中心として

広島県廿日市市立宮園小学校

本校は、広島市に隣接する廿日市市にある。30年前の開校当時は1学年5学級の大規模校であったが、その後の児童数の減少により、現在は1学年1学級程度の学校となっている。

本校の学校教育目標は、「自分を育て　みんなで伸びる」である。この学校教育目標のもと、「自立」「多様性の尊重」「挑戦」の三つのキーワードを大切にし、日々の教育活動に取り組んでいる。

一昨年度・昨年度の2か年、広島県教育委員会の「個別最適な学びに関する実証研究事業」の指定を受けた。県教育委員会の指導のもと、キーワードの一つの「自立」について、目指す子ども像を「自分を理解し、自ら学び続ける子」と設定し、児童を「自立した学び手」に育成することを目標に取組を進めてきた。

した学び手」の育成に向け、児童実態に応じて多様な選択肢と自己決定場面を増やすことを意識するようになった（**図1**）。

そして、「自立した学び手」の姿として**図2**に示すような姿を設定し、その育成に向けた具体的な取組として、自由進度学習に取り組むこととした。

「自立した学び手」を育てるために

多様な選択肢を提供する　　自己決定場面を増やす

自由進度学習

学びの主体は子どもたちという意識を持つ

図1　「自立した学び手」を育てる自由進度学習

自分から進んで

・課題を見つける
・意思決定（自己決定・自己選択）する。
・課題に対し、見通しを立てる。
・行動を振り返り、次の活動に生かす。
・課題解決に対し、粘り強く取り組む。
・他者と協働する。
・援助希求ができる
（「わからないから教えて」と言える）。

図2　宮園小の目指す「自立した学び手」の姿

■ 「自立した学び手」を育てるために

「自立した学び手」を育てるために最初に取り組んだのは、教職員の対話である。

県教育委員会の担当指導主事にも加わっていただいた教職員の対話を何度も繰り返す中で、教職員は「学びの主体は子どもたち」という考えのもと、「自立

■ 宮園小学校で取り組む「自由進度学習」

本校の自由進度学習は、教師が作成した「学習計画表」に基づいて児童が自分のペースで教科等の内容を学び進める学習形態である。教師は児童の自立的な学びが成立するように、学習計画表の中に多様な選択肢を用意し、児童自身の選択・決定を促すことを意識している。また、児童の選択・決定に併せ

て、自ら進んで学べるように学習材や学習環境も整えている。

（1）学習の準備

自由進度学習に取り組む上で、本校が特に大切だと考えているのは、①学習計画表の工夫、②学習環境の工夫、③個への支援の充実、の三点である。

①学習計画表の工夫

本校の自由進度学習は、学習計画表（**図3**）を児童と共有することから始まる。児童はこの学習計画表を見ながら、教科書や副教材、プリント等の学習材を自分で選択するなどし、自己のペースで学びを進めていく。そのため、学習計画表は児童にとって分かりやすい計画表でなくてはならない。

本校の学習計画表は概ね次の手順で作成している。

● 学習指導要領から単元の目標等を確認し、学習計画表の中に明記する。

● 目標を達成するために、どのような学習材や学習環境が必要かを検討する。その際、児童が使用する教科書だけでなく、他社の教科書を比較検討し、指導方法や教材を用意するよう努める。また、ワークシート等は、児童の一人学びが成立するよう、スモールステップを意識したものとしている。

● 「必ずやり終える学習」と「自分で決めて自由にやる学習」を設定するなど、児童が自分に合った進め方で学習できるよう、順序性や学習コース、

複数教科同時進行　　　　合科的な取り扱い

算数科
測定，単位の関係付け

理科
予想，実験，考察しながら一般化を図る

図4

まとめ方など、多様な選択肢を用意する。

● 一人一人の児童の理解状況等を把握するため、チェックテストの場を設定する。

なお、複数教科を同時進行する場合は教科ごとの学習計画表を、合科的な内容で取り扱う場合は一つの学習計画表を作成する（**図4**）。

②学習環境の工夫

● 児童に学習の見通しを持たせるための工夫：学習のゴールとなる課題を大きく提示するなど、児童が常にゴールを意識できるようにする。このことで、児童が見通しを持って学習を進めていくことができると考えている。

● 学習コーナーの設定：体験を通して知識の習得を促したり、学んだ知識を活用したりする場として、学習コーナーを設定する。この学習コーナーは、児童の知的好奇心を揺さぶりつつ楽しく活動できることを重視して設定している。

● 学びの場の工夫：自分の机だけでなく、教室内の広い机や畳のスペース、廊下、更には空き教室も自由に使用、行き来できるようにし、自分に合った学び場を選択できるようにしている。

算数「小数」～問題を解きながら進むコース～

	プリント	ヒント	練習問題		チェックテスト	関連コーナー
			ロイロノート	計算スキル		
小数で表す（1）	1	ヒントカード1				A B C D E F
小数で表す（2）			練習問題1			
他の単位にして表す（1）	2	ヒントカード2		31		A B C D E F
他の単位にして表す（2）			練習問題2		★1	

図3　学習計画表の一例

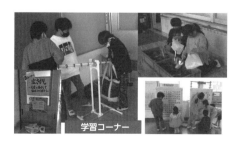
学習コーナー

自分に合った学び場の選択

③個への支援の充実

●ヒントカードの作成：児童が困ったときの手がかりとなるよう、ヒントカードを用意する。ヒントカードは、プリント、ホワイトボードの他に、タブレットを積極的に活用している。タブレットの活用は、児童がどこからでもアクセスできること、カラーで分かりやすいこと、指で動かしたりめくったりして何度も操作ができることなどの利点があると考えている。

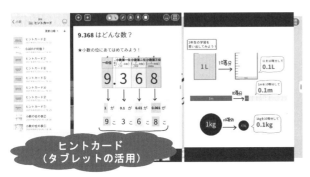
ヒントカード
（タブレットの活用）

●振り返りの場の設定：自由進度学習を通して、児童が進捗状況を振り返って自己調整できるようになることが重要である。そのため、自分の学びを振り返る「カード」を活用し、自分の学びの状況を自分自身で把握できるようにしている。そのカードを教師と共有することで、教師も一人一人の学びの状況を把握し、次時以降の個別の支援に役立てている。

（2）学習の実際
①ガイダンス

　本校の自由進度学習は、学習開始時のガイダンスを大切にしている。この学習で身に付けてほしい力を問題形式で提示するなどしてゴールを共有した上で、学習計画表を配付し、どのような内容を、どのような学び方で進めたらいいかについて、教師は丁寧に説明する。その際、自分のために学ぶことや、分からないことを分からないままにしないことの大切さなどもしっかり伝えるように努めている。

②自由進度学習における児童の姿

　ガイダンスを経て学習が始まると、教師による一斉指導はほとんど行わない。児童は学習計画表を見ながら本時は何をするかを確認し、内容や方法、学ぶ場所等を自分で選択し、決定しながら学習を進めている。

　友達と一緒に学びを進めたり、分からないことを教え合ったりする場面も随所に見られる。一人で学ぶ、集まって数人で学ぶ、数人で集まって学んでいるところに加わる、また一人に戻るという姿が繰り返される。それも児童に委ねている。

　それゆえに、自由進度学習では、児童の多様な学びが出現する。まず教科書で学んだ後ある程度の仮説を持って活動を始める児童、逆に活動してから考えようとしている児童、一つの課題の前に座り込んで一時間ずっと考えている児童など、日頃の授業では見られない姿に教師が驚かされることがしばしばある。

③教師の役割

　この間の教師の役割は、支援の必要な子を中心に児童の学びを観察し、支援が必要な児童に対し、その児童に合った個別の支援を行うことである。

　児童はどのような方法で学びを進めているか、どのように理解しているかなどを見取ることで、用意したプリントやヒントカード、学習コーナーが児童に分かりやすいものとなっているかを検証し、その後の支援に役立てている。また、そのプロセスを通じて、教師の児童理解が深まっている。

取組を支えてきたもの

（1）県教育委員会との協働

本校が自由進度学習に取り組む上で県教育委員会との協働が大きな推進力となった。

県教育委員会指導主事には、冒頭で述べた対話をはじめ、自由進度学習の題材設定や学習計画表の作成段階から本当に多くの助言や支援をいただいた。しかも、その助言や支援は、本校教職員の思いや悩みに寄り添う、ファシリテート的なものであり、そのファシリテートを通して、的確な助言と意欲付けをしていただいたと考えている。

また、日常の授業にも、県教育委員会、市教育委員会から幾度となく参観いただき、児童の学びについての対話を繰り返す中で、授業改善につなげることができた。その際に撮影した学習の様子や教師へのインタビューなどの映像を用いて、県教育委員会主催の対話型研修も開催された。その映像は、広島県教育委員会のwebページにも公開されている。

https://www.pref.hiroshima.lg.jp/site/kyouiku17/kobetu-teian.html

このように、実践の普及の在り方も一つのモデルとして示すことができたと考えている。

（2）教職員間の対話

もう一つの推進力となったのは、教職員間の日常的な対話であった。実証研究事業の指定当初の「分からない」「どうしたらいいか」などの不安や本音の対話から、実践段階での「こんなチャレンジをしてみた」「こんな児童の姿が見られた」といった対話まで、放課後を中心に職員室で対話を繰り返してきた。また、本校では全教職員が毎月実践レポート交流を行っているが、その交流でも対話を大切にしてきた。

そうした対話を通して、理念の共有が少しずつ進むとともに、悩みを出し合い、知恵を出し合って進

めていこうという雰囲気が醸成され、取組の推進力となったと考えている。

児童と教師の変容

（1）児童の変容

児童意識調査の「自分のペースで学びを進めることが好き」及び「自分から進んで学習に取り組んでいる」と答えた児童が各々80％以上であること、「課題解決に向けて自分で考え、取り組んでいるか」「家で自分で勉強の計画を立てて勉強しているか」という問いに肯定的に回答した児童が前年度に比べ10〜20ポイント増加していることなどから、自由進度学習に取り組むことで、児童はこれまで以上に自立的に学びが進められるようになってきたと考えている。

具体的な姿の一つとして、自由進度学習を生かして、自分で家庭学習用の学習計画表を作り、苦手な教科の克服やテストの準備に取り組む児童が見られるようになった。

（2）教師の変容

教師は「前は分からないことをそのままにしていた児童が、どうにか分かるようになりたいと自分から取り組んでいた」「グループの一斉実験より、一人一人が主体となって実験をすると学習内容がより身に付くことを実感した」「テストの点が良かったことについて、児童に言わせると『主体的に体験したことは分かって当たり前！』と言っていた」など、児童の変化を実感している。

その実感を得ることで、「児童に任せても思った以上にできる」「環境を整えることで、児童が自立的に学び、力を育むことができる」など、更に意識が変容し、次の自由進度学習の実践意欲へとつながっている。

（教諭　二野宮加代子）

「知識構成型ジグソー法」を用いた 授業実践及び授業研究

広島県安芸太田町立安芸太田中学校

■ 「知識構成型ジグソー法」とは

「知識構成型ジグソー法」は、協働的な学びを通じて生徒一人一人が自らの理解を深めるために東京大学の故三宅なほみ教授を中心としたCoREF（現一般社団法人教育環境デザイン研究所CoREFプロジェクト推進部門）の研究チームによって開発された授業手法である。この手法では、授業の柱となる課題を表1に紹介する五つのステップを通して解決していくことで、生徒一人一人が主体的に課題の解決に取り組みながら、他者との対話を通して自分で表現できる考えの質をよくしていくことを目指している。

表1に示すとおり「知識構成型ジグソー法」の授業は、グループによる協働学習を中心にした授業手法であるが、授業の最初と最後に個人で自分の考えをまとめる場面を設け、協働的な学びを通じた生徒一人一人の分かり方やつまずき方に焦点を当てることができるのが大きな特徴である。

■ 「知識構成型ジグソー法」を活用した分かり方やつまずき方の見とりと授業改善

本町では、平成22年度よりCoREF及び全国約30の自治体等と連携し、「知識構成型ジグソー法」を

表1 「知識構成型ジグソー法」の流れ
（CoREFホームページ（https://ni-coref.or.jp）を基に作成）

学習活動	学習内容
① 個人思考（個別学習）	まず、教員から提示された課題について最初の自分の考えを書く。
② エキスパート活動（協働学習）	課題によりよい答えを出すためのヒントになる「部品（エキスパート資料）」を小グループに分かれて担当し、その内容を理解する。
③ ジグソー活動（協働学習）	それぞれ異なる「部品」を担当したメンバーが集まって新しいグループをつくり、その内容を交換、統合して課題に対する答えをつくり上げる。
④ クロストーク（協働学習）	教室全体で各グループが出した答えを共有、比較吟味する。
⑤ 個人思考（個別学習）	最後に、生徒一人一人が課題に対する自分の納得のいく答えを導き出す。

「知識構成型ジグソー法」を用いた授業実践及び授業研究

活用した授業研究に取り組んできた。近年、本校で特に力を入れているのが、この手法を活用した授業における生徒の分かり方やつまずき方の見とりと、それを基にした授業デザインの改善である。

「知識構成型ジグソー法」の授業には、通常の一斉学習やグループ学習と比べ、生徒一人一人の分かり方やつまずき方を見とるチャンスが多く存在する。前述のようにこの手法では、生徒は授業の最初と最後に個人で自分の考えを表現する。同じグループで学んでいた生徒でも、授業の最後に改めて課題に対する考えを表現すると解答は少しずつ違っている。この表現を個人内で比較することで、授業の前後でその生徒がどのように自分の考えを深めたのか、また、授業の中でどのようなつまずきがあったのかが見えてくる。

さらに本校の授業研究では、授業中に生徒の理解の変容がどのようにして起こったのか、その過程を捉えることも大事にしている。そのため授業を参観する教員は、グループ学習の場面での生徒の対話を聞き取り、その生徒の対話の様子を基に、どの場面でどのように思考していたのか、つまずきが起こっていたとしたらなぜなのかを中心に事後協議を行うことで、授業改善につなげている。

また、本町では、令和2・3年度に文部科学省「新時代の学びにおける先端技術の効果的な活用に関する実証事業」の委託を受けており、その一環として、図1に示すように、ヘッドセットマイクを用いて生徒の対話を記録している。記録した対話は、自動音声認識によって書き起こし、授業研究に活用することで、リアルタイムの観察で気になった学習場面を改めて確認したり、その場では聞きとれなかったつぶやきを確認した

図1 ヘッドセットマイクを使った記録

りすることができる。

このように、より確かに生徒の分かり方やつまずき方を把握することで、生徒の学びの様子を基点とした授業改善ができるようになっている。

授業の実際

今回は、昨年6月に第3学年理科「化学変化と電池」の単元で実践した「ダニエル電池の仕組み」の授業の様子を紹介する。図2に「知識構成型ジグソー法」の授業の詳細を示す。前時にダニエル電池を製作した後、課題設定を行い、①個人思考で課題に対する自分の考えを書かせておく。本時では授業

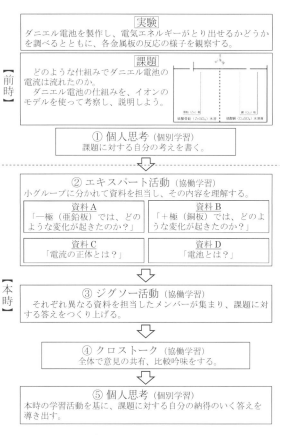

【前時】

実験
ダニエル電池を製作し、電気エネルギーがとり出せるかどうかを調べるとともに、各金属板の反応の様子を観察する。

課題
どのような仕組みでダニエル電池の電流は流れたのか。
ダニエル電池の仕組みを、イオンのモデルを使って考察し、説明しよう。

亜鉛板（Zn板） 銅板（Cu板）
硫酸亜鉛（ZnSO₄）水溶液 硫酸銅（CuSO₄）水溶液

① 個人思考（個別学習）
課題に対する自分の考えを書く。

② エキスパート活動（協働学習）
小グループに分かれて資料を担当し、その内容を理解する。

資料A	**資料B**
「－極（亜鉛板）では、どのような変化が起きたのか？」	「＋極（銅板）では、どのような変化が起きたのか？」
資料C	**資料D**
「電流の正体とは？」	「電池とは？」

【本時】

③ ジグソー活動（協働学習）
それぞれ異なる資料を担当したメンバーが集まり、課題に対する答えをつくり上げる。

④ クロストーク（協働学習）
全体で意見の共有、比較吟味をする。

⑤ 個人思考（個別学習）
本時の学習活動を基に、課題に対する自分の納得のいく答えを導き出す。

図2 「知識構成型ジグソー法」の授業展開

の導入を行った後、②エキスパート活動から⑤個人思考までの学習活動を行う。このように個別学習と協働学習を往還しながら学習を進めていくことで、生徒一人一人が課題に対する自分の考えを深められるようにした。

（1）生徒の学びの様子

本授業を実践した学級は、学力差が大きいため、単にペアやグループ学習を行った場合には「教える生徒」と「教えられる生徒」に分かれてしまい、話合いが一方通行になりがちである。しかし、一人一人に話す必然が生じる「知識構成型ジグソー法」の授業展開と、話したくなる資料の工夫により、本実践では、「教えられがちな生徒」も積極的に資料の内容を説明したり、自分の考えを表現したりする姿が見

図3　エキスパート活動で資料の内容を理解している様子

図4　ジグソー活動で対話をしている様子

られ、生徒一人一人が受動的ではなく主体的に対話の中で関わり合って課題に対する答えを導き出そうとする姿が見られた（図4）。また、そこでは、本単

図5　イオンのモデルを操作している様子

元を通して使ってきたイオンモデルを操作しながら、イオンの動きを根拠として対話を行い、お互いの考えを深める様子も見られた（図5）。

（2）生徒の学びの変容

図6に、ある生徒の授業前後の記述を示す。授業後の記述（⑤個人思考）では四つのエキスパート資料の内容を統合し、ジグソー課題に対する自分なりの考えを図と文章で表現することができていることが分かる。このように、多くの生徒が授業者の期待する解答に到達することができていた。このことから「知識構成型ジグソー法」の授業を通して、生徒一人一人がダニエル電池の仕組みについて理解を深めている様子がうかがえる。

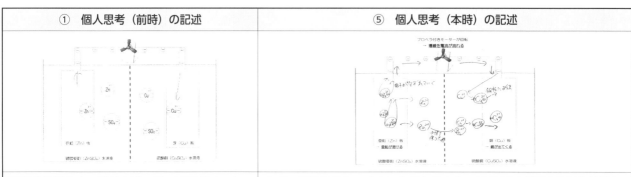

①　個人思考（前時）の記述	⑤　個人思考（本時）の記述
亜鉛から銅の方へ電子を送って、電子がモーターの地点でプロペラを回している？　でも、それなら銅は出てくるかな？	まず、亜鉛板から、イオン化傾向の大きい亜鉛原子が電子2個を放出し、亜鉛イオンとなって水溶液中に溶け出す。その電子が、導線中を通り、銅板上に移動することで電流は流れる。次に、移動した電子を水溶液中の銅イオンが受け取り、銅板上で銅原子として析出する。また、セロハンを亜鉛イオンや硫酸イオンが移動することで電気的中性を保っている。

図6　ある生徒の授業前後の記述

（3）見とった生徒のつまずきをもとにした授業改善

　授業前後の個人思考の結果を分析することで、多くの生徒が授業のねらいを達成していることが明らかになった。

　他方、ねらいを達成するまでのプロセスについては、授業を参観していた教員からの指摘や授業者自身による対話記録の振り返りにより、新たな発見もあった。中でも重要な気づきは、操作するイオンのモデルの数をこちらで最小限にしたため、反応がすぐに止まってしまい電池の連続性について考察することができていない様子が多く見られた点である。このことから、生徒は電池の連続性について考察することができていなかったのではないかと考えた。

　この課題を解決するために、次の授業では、操作するイオンのモデルの数を増やす、あるいは生徒自身に必要なイオンのモデルの数を選択させる等、授業改善につなげていきたいと考えている。

主体的に学ぶ授業への転換

　「知識構成型ジグソー法」の授業は、協働学習による成果を個別学習に最大限還元することで、両者（協働学習と個別学習）の質を一体的に充実させることのできる授業手法であると考える。

　昨年度末に全校生徒を対象に実施したアンケートでは、「友だちの考えを聞いたり自分の考えを伝えたりすることで、学習内容の理解が深まる」「授業中の話し合う活動を通して、自分の考えを深めたり広げたりすることができている」の項目に肯定的な回答をした生徒の割合がそれぞれ97.5%、92.5%と高かった。

　このことから他者と協働的に学び合うことで、生徒一人一人が主体的に学ぶ授業へと転換していると感じる。

　しかし、このような学びは「知識構成型ジグソー法」の授業を実践することのみで実現するものではない。生徒一人一人の分かり方やつまずき方を見とりながら、授業を改善していくためには、私たち教員も協働的に学ぶ、つまり、授業研究がとても大切である。

　そこで、本校ではCoREF及び全国自治体等の教員とつながりながら、授業研究のPDCAサイクルを回している（**図7**）。

図7　本校の授業研究のPDCAサイクル

　大切にしているのは、生徒の学びを想定して授業をデザインすること（P：計画）、丁寧に学びを見とること（C：評価）、見とった学びの事実を根拠にして協議し、次の指導に生かすこと（改善：A）といったサイクルを1回ではなく、継続的に回していくことである。

　このようにして、生徒のみならず、教員自身も多様な他者とつながりながら協働的に学び続けることで、生徒の学びを支えている。

（教諭　五島暁人）

個の学びと協働の学びを往還する「奈良の学習法」

奈良女子大学附属小学校

奈良女子大学附属小学校は、大正自由主義教育の時代から、子ども中心の学習を実践し続ける学校である。私たちは、ぶれることなく「独自学習─相互学習─さらなる独自学習」という学習展開を通して、子どもの自律的な学習を育むことを重視してきた。ここでは「田んぼの稲を育てよう（2年）」の取り組みを紹介し、個別最適で協働的な学びの実現について考えていくこととする。

子どもに切実な学習問題をいかにつくるか

私たちは、子ども一人ひとりが全力で自分なりの追究を進められること、それらの追究を持ち寄って学級としての追究を進められることを重視している。

そのような独自の追究と相互の追究を実現するために、子どもにとって切実な学習問題をいかに設定するのかに心を砕いている。

4月、学級編成替えされた2年生の子どもたちと、教室前にある畑（前年度の学年は田んぼにしていた）で何を育てたいかを考え合っていた。なかなか育てる作物が決まりそうにないので、「去年の2年生の田んぼは、水がいっぱいでも、次の朝には水が無くなっていたよね。水の漏れない田んぼって、どうしたら作れるのかな」と、問題提起をしてみた。

水が漏れないように、ビニールシートを土の中に敷いておいたらいい。粘土を土の下に敷いておいたら漏れないかもしれない。などと、方法を話し合っていると、子どもたちが、学校の中に粘土がたくさんある場所があると言い出した。そこで、休み時間や放課後に、田んぼの土を全部掘り出し、粘土を運んできて田んぼの底に敷き詰める作業を始めた。教師一人で作業を始めたのだが、粘土のある場所を教えてくれた子どもたちが黙っていない。粘土を掘り出す作業や、一輪車で粘土を運ぶ作業、田んぼの土を掘り出す作業など、たちまちのうちに作業チームが出来上がってしまい、学級の半数近くが関わる田んぼ再生チームになっていった。底に敷き詰めた粘土をみんなで踏み固め、その上に土を戻し、「これで水漏れしないだろう」と期待を込めて水を張った。ところが、次の朝、やっぱり水は無くなってしまっていた。

「いったい、どうしたら水漏れが止まるの？」

がんばってみんなで作業しただけに、切実な問題である。用務員さんに水漏れ

底に粘土を入れ踏み固める子どもたち

しない方法を聞いてくる子、畔を作ったら水漏れが止まると母親から聞き込んでくる子が出てくる。さらに、種籾や脱穀について調べてくる子、おじいちゃんに苗や籾米をもらって持ってきてくれる子…等々。子どもたちが調べてきた情報をそれぞれに発表し吟味し合う。これからどうしていくべきなのかを、学級のみんなで知恵をしぼり合うのである。

こうした聞き合いの結果、作業に参加していた子どもたちだけでない、学級全員にとっての切実な学習問題が息づいていく。最初は、数人の問題意識であったり、切実に解き明かしたいと感じていない仮の学習問題であったりしたとしても、みんなで考えを出し合い、出てきた仮説を吟味し合うという過程を経ることで、学級全体の真の学習問題として位置づいていくのである。

独自の追究をいかに進めるか

ここまでの様子から、既に独自の追究が始まっていることは見て取れる。田んぼの水漏れを止めるための方法を、いろいろに聞き込んでくる子どもが出てきているのである。学級のすべての子どもが、このような独自の追究を進めてくるようになることが望ましいが、そう簡単なことではない。そこで、既に出てきている独自の追究を発表させながら、短期的な見通しと長期的な見通しをつくることを心がけて学習を進める。

例えば、水漏れしない田んぼへの見通しが立てば、次に何をすればいいのかの見通しを持たせておきたい。種籾や苗のことを調べた子はいるのだが、種蒔きをするのか苗を植えるのか、具体的なことまでは考えられていない。そういった「まだ分からないこと」をはっきりさせることが、個の追究への誘いとなっていく。一方で、脱穀について調べた子も

いたが、これは脱穀という作業がどんなものかの概要を掴ませつつ、いずれその作業も自分たちでしなければならないことを意識させていく。子どもたちの独自の追究を報告させながら、直ぐにでもはっきりさせないといけない問題を絞り込むとともに、これからの作業に必要となりそうなことの見

五寸釘でつくった千羽こきで脱穀

割りばしで脱穀して、籾をボトルの中に溜める！

当を持たせていく。そういう学習の繰り返しの中で、子どもたちが追究してみたいと思えることが多様に生まれ、個別最適な独自の追究が広がっていくのである。

相互の追究をいかに進めるか

子どもたちの独自の追究が、どの程度進んでいるのかを把握していくことはとても大切である。そのため、朝の会の元気調べに続けて話す子どもの言葉に耳を傾け、日々の日記を丹念に読みそこに綴られる独自の追究に目を向ける。今問題となっている事柄について、学級としての追究へと移行できるタイミングを見極めて相互の追究の時間を持つのである。

子どもたちが追究してきたことは、それぞれの追究を順に発表させるのではなく、今、学級として考えるべき話題に合わせ、独自に追究したことからの考えとして話させるようにしている。

例えば、水漏れしにくい田んぼが出来上がり、種

籾を蒔くのか田植えをするのかということが問題に
なっていた時のことである。一人の子どもが「田ん
ぼに直接種を蒔いたら、稲が育つ前に他の草が育っ
て稲が負けてしまう。だから、先に苗を育てておい
てそれを田植えすれば負けない」と、独自の追究か
らの考えを披露した。子どもたちの中に、「丈夫な
稲を育てるためにすること」という視点（見方・考
え方）が生まれてくる。すると、それに関連して
「稲を丈夫に育てるために、田んぼの水を抜いたり
します」と発言する子どもが出てきた。「水を抜く
のは、稲の株が分かれてきた頃です」と付け足す
子、「水を抜くのは、害虫を退治するためです」と
の発言も続く。「違います。水を抜くのは、しっか
り根を張らせて病気に負けない丈夫な稲にするため
だと思います」と、それぞれの独自の追究をもと
に、自分の考えを述べ合うのである。

　ある程度稲が育った時点で水を抜く「中干し」と
いう工程が、稲に根を張らせるためのものと思って
いた子どもには、「害虫対策にもなっているのかも
しれない」と新しい気づきを得ることにもなる。だ
からこそ、さらに独自の追究を重ね、水があるから
集まる虫やその卵を、水を干すことによって防ぐ効
果があるという事実にもたどり着いていく。

「中干し」のポスター

　学級で話題になっていることに合わ
せて、独自の追究をもとにした考えを
聞き合うと、一人の追究だけでは見え
なかったことも見えてくる。その新た
な視点を足掛かりとしたさらなる独自
の追究を持ち寄ること
で、学級としての追究
もさらに深まってい
く。個別最適な学びと
協働的な学びの往還の
中で、深い学びが実現
されていくのである。

個別最適に独自の追究を進めるために

　私たちは、それぞれの子どもの独自の追究がより
深くなっていくことを願い様々な指導を試みる。

　例えば、ある子どもの追究について「実際に足を
運んで調べてきているのが素晴らしいね」と、その
良さを価値づけて話す。「本やインターネットで調
べただけでは一番知りたいことが分からなかったり
するけれど、足を運んで自分の言葉で聞くと、知り
たいことが分かるだけでなく相手の方の思いや願い
までも知ることができるのですね」と、足を運んで
自分の言葉でおたずねすることの良さを価値づける。
このように、子どもの追究の良さを具体的に価値づ
け、そのような追究の姿が広がることを誘うのであ
る。気を付けないといけないのは「足を運んで自分
の言葉でおたずね」しない追究がダメだと、否定的
な価値観を植え付けないようにすることである。

　一連の学習の中で、子どもたちは、稲を丈夫に育
てるために病気や害虫から稲を守る必要に気づいて
いた。本来なら、農家をたずね、どのように病気や
害虫から稲を守っているのかを調査する子どもが出
てきてほしいところである。しかしこの時には、ど
んな病気や害虫があるのかを本などで調べてくる追
究が広がっていった。面白いのは、そこから発展し
て、休み時間に田んぼに害虫が来ていないかパト
ロールするという2年生らしい追究の姿が出てくる
ところである。学級の聞き合いでは、病害虫の被害
を防ぐ方法としての農薬には否定的な判断をすると
同時に、稲を丈夫にする中干しや益虫による害虫駆
除への志向が強まっていく。すると、稲を強くする
方法やどんな益虫がいるのかを調べるという追究が
さらに進んでいく。害虫パトロールの子どもたち
は、カマキリやトンボ、クモなどの益虫を探し出し
ては田んぼに放つことに夢中になっていく。一般的

な農家が農薬を用いる方向とは違った追究となっていくが、子どもたちらしい発想で追究が続いていくところが面白い。さらに、たくさんのカマキ

教室の窓（＝田んぼ前）に貼られた害虫・益虫のポスター

リが田んぼにいることに気づいた他の学年の子どもが、そのカマキリを持ち去ってしまうようになったことから、害虫調べが新しい展開を見せ始める。学校中のみんなに田んぼのことを知ってもらうポスターをつくろうと話し合いが進むのである。この後、田んぼにいては困る病気や害虫は赤色の紙で、田んぼにたくさんいてほしい益虫は青色の紙で書くというルールを申し合わせ、それぞれに病害虫や益虫を選び取り、みんなにどう呼びかけるのかを工夫したポスター作製という追究へとつながっていった。

子どもの追究を導くために教師が持つ視点は重要であるが、その視点だけにとらわれず、それぞれの子どもの追究に寄り添い、そこにある価値を見いだそうとする姿勢が重要である。そのような姿勢が多様な子どもの個別最適な追究を育むのである。

■ 常に更新される学習問題

ここまでの学習を見てくると、最初に生まれた切実な学習問題が次々と更新されていることにも思い当たる。「田んぼの稲を育てよう」が大枠での学習問題なのだが、そこで子どもたちが問い続ける切実な問題は次々と更新されているのである。

最初に出会った切実な問題は「どうしたら水の漏れない田んぼにできるのか」ということであった。子どもたちが聞き込んできた「畔をつくる」ということは、相互の追究を進める中で「田んぼの端を泥

で塗り固める」作業だということが分かってくる。そして、泥の細かい粒子で田んぼの壁を塗り固めるから、水が漏れなくなるのだということも分かっていった。用務員

話し合った方法で田植えをする子ども

さんに教えてもらった方法は、「水が張られた田んぼを、耕運機で掘り返して平らにならす」という方法であった。粘土を含んだ土を撹拌し平らに沈殿させることで、水が漏れないようにしていくのだということも分かってくる。実は、この作業が「しろかき」なのである。「しろかき」とは、田んぼを平らにならす作業としか認識していなかったが、この作業によって水漏れしにくい田んぼをつくっているということは、教師にとっても新たな気づきであった。

こうしていろいろな気づきとともに切実な問題を解き明かしても、それで学習が終わるわけではない。出来上がった水漏れしにくい田んぼに、「種を蒔くのか、苗を植えるのか」という問題が沸き起こる。「他の雑草に負けないよう、苗を育ててから植える」ということが分かってくると、では「田植え」はどのようにすればよいのかが切実な問題となる。さらには、丈夫な稲を育てるための「中干し」の問題や「害虫」のことも、子どもたちにとって切実な問題として立ち上がっていく。

このように「田んぼの稲を育てよう」という学習問題に向かう学習生活をつくり出し、その学習生活の中で直面する問題を捉えることを大切にしている。みんなで捉えた問題は、独自の追究と相互の追究の往還を通して、刻々と捉え直されていく。その過程で、多くの気づきや新しい見方・考え方を手に入れていく学習は本当に楽しい。自らの生活を改善し、学びを人生や社会に生かそうとできる力が育まれていくと考えているのである。

（副校長　阪本一英）

次世代型授業をニューノーマルに
協働的な学びをどう実現するか

鎌倉女子大学教授
高橋正尚

学校経営計画（教育課程の編成・実践・評価・改善）の作成

　学校経営計画は、教育の質を保証し、学力の向上を図るために校長が経営ビジョンを明確にし、学校教育目標、重点目標、中期目標、年度の目標を立て、各年度における学習指導、生徒指導、進路指導等の教育活動や学校運営の目標とこれを達成するための具体的な方策や評価目標を示したものである。学習指導要領の内容ベースのカリキュラムは評価基準が明確であるが、資質・能力ベースの定義は各学校で捉え方が異なることや、教員一人一人に様々な考え方があったりするので、定義、評価の方向性等を明確にして取り組んでいく必要がある。

コンピテンシーベースの授業を実現する組織体制づくり

　教育目標を具現化するため、校長のリーダーシップが発揮できる組織を構築する必要がある。学力向上に対する教職員の意識を高めるために、我が校では教育課程委員会の中に「教育課程編成」と「指導法の改善」を推進組織とした「学力向上チーム」と

「分析チーム」を設置した。学力向上チームは教育課程編成の推進や指導法の改善を検討する。分析チームは各種データを分析して成果や課題を見出し、その結果をまとめる。

　学力の重点目標と現在の学習状況との乖離を徹底的に分析し、目標を達成する方法を絶えず工夫改善していく。校長は、客観的な資料を用いて次の方策を検討し教職員に諮る。

　資料の活用方法には、教科指導の改善、学習相談、学習集会、学習だより、保護者会での説明、校長面談、データに基づく教職員研修等がある。教科指導の改善には、授業内容、教材、授業方法、習熟度別指導法、主体的な学習態度の育成方法等の再検討が含まれる。

　学校運営改善のために求められるものは、校長のリーダーシップの下、それを支える組織の形成・強化を図ることである。特に、ミドルリーダーの育成は校長の重要な役目である。

　ミドルリーダーは担当する校務や学校規模、教職員構成、学校文化、地域によってその役割と活動は多種多様であるが、プランを作成する力やチームをまとめる力、課題を短期間で解決する力、共同学習の技法を用いて指導する力、ICT活用等の能力が必要である。また、管理職のサポートや各校務分掌・各学年のパイプ役になるだけでなく、若手教員の育

成にもリーダーシップを発揮することが期待されている。教職員が組織体として十分に機能していくには、教職員一人一人のフォロワーシップも重要になってくる。教職員それぞれが仕事にやりがいを持ち、チームとして機能していけるよう校務分掌などへの配置や見直しを図っていくことも大切である。

A中学校における総合的な学習の時間（EGGゼミ）の事例

（1）課題発見・解決能力や論理的思考力を育成するEGGゼミ

EGGゼミでは、アクティブ・ラーニングに必要なスキルの習得を図るとともに、課題発見・解決能力や論理的思考力を育成するため、多様な言語活動、調査、探究・発表活動に取り組む。

また、EGGゼミでは、中学校3年間を通して七つの探究的な学習が発展的に順序だてて配置する。「世界を幸せにする第一歩」という3年間に共通するテーマを設定し、日常生活や社会に広く目を向けて課題を設定したり、次の課題につなげたりできるようにする。

第1学年では、二つの探究的な学習を行う。前期では主に図書館やインターネット等を利用して資料による調査をし、個人で新聞にまとめる。その成果を基に、後期ではグループで身近なところの「世界を幸せにする第一歩」となるような実践をし、個人単位ではレポートとしてまとめ、グループ単位ではポスターセッションで発表する。特に、アクティブ・ラーニングに必要なスキルを数多く集中して学習することで、それらのスキルを各教科の授業で活用できるようすることが重要である。

第2学年では、1年間を4期に分けて四つの探究的な学習を行う。1期・2期では「芸術的な作品の制作」「英語でのスピーチ」を一斉展開で行い、3期・4期では「HPの作成」「ミニ論文集作り」を行う。これらを通して、生徒に多様な探究的・協働的・体験的な学習活動を経験させる。

第3学年では、1年間を通して個人での卒業研究に取り組む。これまで学んだスキルを駆使して、自分で探究したい課題を見つけ、調査・分析して論文にまとめ、シンポジウムでプレゼンテーションを行う。

（2）豊かなコミュニケーション力を育成するEGG体験

入学して6〜8か月の期間にお互いに助け合って課題解決させる機会や自由に発言し合う機会を設けるなど生徒が安心して過ごせる学習環境を作るプログラム（構成的グループエンカウンター、コミュニケーション研修）を実施する。また、入学直後から「学校はわからないことを学ぶところ。わからないことは恥ずかしいことではない」という意識の定着を図る。このような取組で生徒一人一人がコミュニケーションのスキルを身に付けたことで、A中学校が目指す「安心して学べる集団づくり」に大変よい影響をもたらした。

総合的な学習の時間や様々な教育活動の場面においてICTを活用すれば、必要な情報を容易に収集することができるだけでなく、Zoomでのビデオ会議を用いることで、時間や距離の制約を取り払うことができ、ペアやグループでの意見交換や論文の指導をはじめ、遠方にいる講師からインターネットを介して講義を受けることができる。また、個々の理解度や到達度に応じた学習も可能になる。

Profile

たかはし・まさなお　昭和26年島根県生まれ、千葉県公立小学校・横浜市公立中学校教諭・副校長・校長、横浜国立大学教育学研究科修了、横浜市教育委員会首席指導主事、横浜市立南高等学校附属中学校校長。平成28年より鎌倉女子大学教授・初等・中等教育統括部長、令和2年より鎌倉女子大学理事、令和4年より中・高等部部長（校長）を兼務。

実践×研鑽×癒しを1冊で叶える多彩な連載

＊特集タイトルは変更になる場合があります。

■ 読者限定WEBスペシャル・コンテンツ

✓ Vol.○のイチ押し──ここ読んで!

✓ 実践者からのメッセージ

✓ 学校だより・学級だよりにつかえる「今日は何の日?」

✓ 学級だよりに役立つカウンセリング・テクニック

✓ 直近 教育ニュース・アーカイブ ほか

＊各巻掲載のQR・URLからアクセスしていただけます。巻ごとに異なる内容です。

● お問い合わせ・お申し込み先
㈱ぎょうせい
〒136-8575 東京都江東区新木場1-18-11
TEL：0120-953-431／FAX：0120-953-495
URL：https://shop.gyosei.jp

ふるさとの美しさを思い出す

坪田塾塾長　坪田信貴

「田古里」

田んぼに古いに、里、と書いて「たこり」と読む。

僕はこれを「地名として日本一田舎」なんじゃないかと思っている。

なんせ、田んぼに、古い里なのだ。読んで字の如く、ただ田んぼがあり人が住んでいる。

この田古里が僕のふるさと。

佐賀県にある有明海に面した太良町の片隅にひっそりと佇んでいる。太良町では、「竹崎カニ」という渡り蟹がよく取れる。

この「竹崎カニ」は世界一美味しいカニなのではないかと思っている。身がプリプリしていて歯応えがあり、甘い。噛むと、中からカニの肉汁が出てくる。蟹味噌や卵も本当に美味なのだ。何より、一年中食べられるのが良い。

しかし、これをお世話になっている人に贈るのは難しい。なぜなら「素人さん」にはどう殻を剥いて良いのか分からないからだ。

僕は料理が苦手で、カップラーメンすら自分で作ろうとするとお湯で火傷するので、まず料理をさせてもらえることはない。しかし、この「竹崎カニ」が実家から送られてきた時の殻剥きの時だけは、僕の出番だ。竹崎カニの殻剥きという特殊スキルが身に付いているため、子どもや妻も僕の指示を仰ぐのである。

そして僕は、子どもの頃から食べ続けているカニを食べて欲しくて、どうにかして綺麗に剥こうと子どもたちにポイントを伝授する。

そして思うのだ。

母もきっとこんな気持ちだったんだろうな、と。

子どもが食べるのを楽しみにして、そのカニの剥き方を教える。自分の故郷の食べ物を誇りに思い、その特殊な技術を親から子、子から孫に伝承する。子どもが喜ぶ姿を見ながら「ふるさと」を伝える。

あるときはカニの剥き方、あるときは山菜の取り方、あるときは海岸線の夕陽の美しさと、ふるさとの良さを伝える「教育」を人類は連綿と続けてきたのだろう。

そんなことより僕にとっては甘い世界一のカニにむしゃぶりつくのである。

僕は「教育」の目的が三つあると思っている。
一つは、「自信をつけること」。
一つは、「他者への敬意を持つこと」。
一つは、「居場所を作ること」。

結局、大人になって、なんでも良いから「自信」がなければ自立することはできない。また、どれだけ能力が高くなり自信がついても「他者への敬意」がなければ、ただ傲慢な人間ができあがる。そして、自信をつけて他者への敬意を持つ人は「孤立」せずに「自分の居場所」を見つけられる。この状態が「自立」なのだ。

人には必ず、「ふるさと」がある。
自分が身に付けた「何か」を通じて、自分が生きてきた原点を振り返ることができる。「居場所」に悩んだ人は、自分に身に付いた美しいふるさとを感じる何かを思い出し、触れてみると良いと思う。

● Profile ●

つぼた・のぶたか　累計 120 万部突破の書籍『学年ビリのギャルが 1 年で偏差値を 40 上げて慶應大学に現役合格した話』(通称「ビリギャル」)や累計 10 万部突破の書籍『人間は 9 タイプ』の著者。これまでに 1300 人以上の子どもたちを子別指導し、心理学を駆使した学習法により、多くの生徒の偏差値を短期間で急激に上げることで定評がある。大企業の人材育成コンサルタント等もつとめ、起業家・経営者としての顔も持つ。テレビ・ラジオ等でも活躍中。新著に『「人に迷惑をかけるな」と言ってはいけない　子どもの認知を歪ませる親の言葉と 28 の言い換え例』がある。

メディアと教育の両輪駆動を

あなたはあなたが食べるもの

You are what you eat.

あなた（の身体）はあなたが食べるもの（からできている）。

とても有名なフレーズだ。ただしこの箴言の前提は、あくまでもフィジカル（身体）だ。

ならばメンタルはどうか。つまり内面。

What are your thought and beliefs made up of?

あなたの思想信条は何からできているのか？

答えはひとつではない。でも今のロシアや北朝鮮について、あるいはかつてのこの国について考えれば、二つの圧倒的に重要な要素を、誰もが思いつくことができるはずだ。

そのひとつはメディア。そしてもうひとつは教育。

この二つは不可分の関係にある。メディアはしっかりと民主的に機能しているが教育は不充分である、という状況はありえない。教育は理想的だがメディアが問題外に低劣である、という国もないはずだ。

なぜなら成熟した教育は、全方位的なリテラシーを鍛える。ものの見方の多面性を向上させる。教育が行き届いてリテラシーが成熟した社会において、メディアが向上しないはずはない。つまりこの二つは両輪。メディアと教育がしっかりと駆動するならば、その社会や国家が大きな過ちを起こすことはないはずだ。

謝罪ではなく記憶することの重要性

現在の僕の肩書は映画監督・作家だが、昨年まではここに、明治大学特任教授の記述もあった。つまり（きわめて中途半端ではあるけれど）自分自身も教育現場に身を置いていた。

数年前、日韓関係をテーマに授業でディスカッションしていたとき、閔妃暗殺事件について僕は言及した。もちろんあなたはこの史実について知っていると思うけれど、念のため概要を以下に記す。

1895年10月8日早朝、日本の公使だった三浦梧楼が率いる日本軍守備隊、領事館警察官、日本人壮士（大陸浪人）、朝鮮親衛隊などが凶器を携えながら朝鮮王宮に乱入し、李氏朝鮮高宗の妃である閔妃（明成皇后）を後宮で殺害し、さらに遺体にガソリンをかけて焼却した。事件後に主犯の三浦梧楼を含めて加担した48人は日本に召還されて被告人となったが全員は免訴となり、その後に三浦は枢密顧問官など日本政府の要職を歴任している。とてもシンボリックであると同時に衝撃的な事件だ。しかしゼミ生たちの反応は薄い。いや薄いとかのレベルではなく、きょとんとしている。閔妃の名前を知らないのだ。ならばもちろん、事件を知るはずもない。

ゼミ生の総数は25名。この年は韓国の留学生が一人いた。もちろん彼女は、この事件について知っていた。ディスカッションが終わるころ、「日本人学生たちがこの事件について知らないことにショックを受けています」と留学生は言った。いつもはにこにこと笑顔を絶やさない彼女だけど、このときは表情がこわばっていた。

歴史を学ぶ最大の意味は何か。同じ失敗を繰り返さないためだ。だからこそ過ちや失敗の記憶は大切だ。ところが近年のこの国では、こうした記憶の継承が自虐史観として、忌避される傾向がとても強くなっている。

2015年8月、安倍首相（当時）は戦後70年談話を発表し、「あの戦争には何ら関わりのない、私たちの子や孫、そしてその先の世代の子どもたちに、謝罪を続ける宿命を背負わせてはなりません」と述

森　達也

映画監督・作家

©山上徳幸

べている。いつまで謝罪しなければならないのか。おそらくこれは、保守的な思想を持つ多くの日本人の気持ちの代弁でもあるだろう。でも韓国や中国などかつて日本から加害されたアジアの国の多くは、決して謝罪や賠償だけを求めているわけではない。

彼らの本意は、謝ってほしい、ではなく、忘れないでほしい、なのだ。

しかし日本は記憶しない。閔妃暗殺事件や南京虐殺、従軍慰安婦だけではない。300人以上のオーストラリア・オランダ兵捕虜が殺害されたラハ飛行場虐殺事件、市民10万人が殺害されたマニラ大虐殺、3000人以上を人体実験で殺害した731部隊。まだまだいくらでもある。日本国や日本人がかかわった虐殺は決して少なくない。

安倍政権は2006年に教育基本法を改変して「愛国心条項」を加え、さらに2014年4月の教科書検定基準改定では、「閣議決定その他の方法により示された政府の統一的な見解又は最高裁判所の判例が存在する場合には、それらに基づいた記述がされていること」との規定が示された。これを根拠に菅政権は2021年4月、「『従軍慰安婦』という用語を用いることは誤解を招くおそれがある」「『強制連行』又は『連行』ではなく『徴用』を用いることが適切である」などとする2通の答弁書を閣議決定した。

その後の国会審議でも、教科書における「従軍慰安婦」「強制連行」などの記述について「今後、そういった表現は不適切ということになります」などの政府答弁がなされ、同年5月に文部科学省は、教科書会社を対象にした説明会で訂正申請のスケジュールを具体的に呈示した。つまり訂正申請することを指示した。明らかに戦後教育の大きな転回であり、政治権力による教育への介入だ。しかし異議の声は弱い。同年10月までに教科書会社7社が訂正申請を行い、「従軍慰安婦」「強制連行」など計41点にわたって、記述の削除や表現の変更が行われた。

国の歴史は個人史と同じだ。確かに失敗や挫折の記憶はつらい。できることなら忘れたい。なかったことにしたい。でもそれでは人は成長しない。

負の歴史を教えてほしい。自虐史観だともしも言われたら、自虐で何が悪いと胸を張ってほしい。失敗は当たり前だ。それを知ることで反省できる。教訓を学んで人は成長する。国や民族も同じはずだ。

視点が変われば世界も変わる

あなたはテレビを観ている。アフリカのサバンナのドキュメンタリーだ。主人公は一匹のメスライオン。最近三匹の子どもが産まれたばかりだ。

でもこの年のアフリカは、乾季が終わったのに雨がほとんど降らない。草食のインパラやトムソンガゼルたちはばたばたと飢えで死んでいる。だから母親になったばかりのライオンも獲物を見つけられず、母乳も出ない。その日もメスライオンは、衰弱してほとんど動けない子どもたちを残して狩りに出る。二匹のインパラを見つけた。大きなインパラを追いかけるほどの体力は残っていないが、小さなほうなら何とかしとめることができるかもしれない。

メスライオンは風下からゆっくりとインパラに近づいてゆく。このときテレビを観ながらあなたは、狩りが成功しますように、と祈るはずだ。成功すればメスライオンの体力は回復し、お乳も出るようになるはずだ。ならば死にかけた三匹の子ライオンたちも生き延びることができる。がんばれ。あなたは思う。狩りが成功しますように。

次に視点を変える。主人公は子供を産んだばかりのメスのインパラだ。その年のアフリカは干ばつで

草が生えない。母と子は飢えている。しかも群れから離れてしまった。母と子はわずかな草地を見つける。これで数日は生き延びることができる。母と子は夢中で草を食べる。そのとき、遠くからそっと近づいてくる痩せ細った狂暴そうな一匹のライオンの姿をカメラは捉えた。母と子のインパラは気づかない。ライオンは近づいてくる。このときあなたは何を思うだろう。早く気づけ、と思うはずだ。狂暴そうなライオンに襲われる。食べられてしまう。早く逃げろ。気づけ。そう思いながら、あなたは手を合わせるかもしれない。

この二つの作品は、まったく同じ状況を撮影している。違いは何か。カメラの位置だ。つまり視点。どこにカメラを置くかで、映し出された世界はこんなに違う。そしてその映像を観たあなたは、まったく違う感情を抱く。

これが情報の本質だ。

世界はとても多面的だ。多重的で多層的。どこから見るかで景色はまったく変わる。あなたがスマホでチェックするニュース、あるいはツイッターやラインで誰かが書いた情報、テレビニュースや新聞記事も、すべて構造は同じだと知ってほしい。難しい話ではない。19世紀のドイツに生まれたフリードリヒ・ニーチェは、以下の箴言を残している。

事実はない。あるのは解釈だけだ。

すべての情報は解釈。そして解釈とは、その事実に接した記者やカメラマンやディレクターの視点。あるいは思い。それが情報としてパッケージ化されて伝えられる。

せめてこのくらいのレベルは、できるなら中学や高校で教えてほしい。今の若い世代はデジタルネイティブだ。生まれたときからスマホが手元にあった。ネットは日常のインフラ。だからこそリテラシーの獲得は最優先事項だ。

匿名と実名に現れる民意

やはりゼミの授業中、少年が加害者となった事件が報道されたとき、多くの学生から「なぜ加害者の名前は隠すのに被害者の名前は公開されるのか」「バランスが変です」などと質問された。

少年の名前や顔写真などを報道しない理由は、高い可塑性を持つ少年から更生の機会を奪うべきではないとの精神を掲げる少年法によって、過剰な報道が抑制されているから。ちなみにこのルールは、近代司法国家ならば、ほぼすべてが共有する世界のスタンダードだ。

僕は学生に答える。加害者と被害者はシーソーに乗っているわけではない。片方が下がれば片方が上がるわけでもない。こうした事件の報道で考えるべきは、加害者や被害者の名前や顔写真を報道することの意味だ。

僕たちは実名報道の国に生まれた。この国は江戸時代に刑罰の一環として、罪人の市中引き回しを行っていた。今は町奉行ではなくメディアが、その役割を果たしている。でも世界に目を転じれば、ヨーロッパの多くの国は加害者も被害者も匿名で報道する（もちろんこれは原則であり、政治家など影響力の大きい公人の犯罪や疑惑の場合は実名で報道される）。韓国や中国も匿名報道が原則だ。彼らは言う。事件の内実や骨格を知って理由や背景を考えることは大切だ。でも加害者や被害者の名前や顔を晒すことが、事件の本質に結びつくとは思えない。それは被害者遺族や加害者の家族を苦しめるだけなのだと。

もちろん、事件の固有性をしっかりと伝えると同時に、捜査権力の情報独占と不正を防ぐなど、実名報道にも論理と意義がある。単純な問題ではない。

●Profile

もり・たつや　広島県呉市生まれ。オウム真理教の信者を被写体にしたドキュメンタリー映画『A』は1998年に劇場公開され、ベルリン国際映画祭など多数の海外映画祭に招待された。2001年には映画『A 2』が山形国際ドキュメンタリー映画祭で特別賞・市民賞を受賞。映画作品は他に『Fake』、『i～新聞記者ドキュメント』など。2011年『A 3』（集英社インターナショナル）が講談社ノンフィクション賞を受賞。他の著作に、『放送禁止歌』（智恵の森文庫）、『いのちの食べかた』『死刑』（角川文庫）、長編小説作品『チャンキ』（論創社）、『すべての戦争は自衛から始まる』（講談社文庫）などがある。近著は『千代田区一番一号のラビリンス』（現代書館）。2023年には劇映画を公開予定。

だからこそ新聞やテレビなど伝える側も伝えられる側も、もっともっと悩むべきだ。

　他者に対して実名を求めながら多くの日本人は、自分自身は匿名であることを好む。ツイッターなどSNSの匿名率は（総務省によれば）、アメリカやイギリス、韓国など多くの国が30％台であるのに、日本は75.1％と圧倒的だ。おそらく世界一だろう。隠れて誰かに石を投げる。言葉で攻撃する。標的を罵倒しながら追いつめる。自分自身は名前を出さずに集団の一部になりながら、特定の誰かについては名前や顔写真を公開することを迫り、「死ね」とか「消えろ」などと罵声を浴びせる。多数派による暴力。要するに学校のいじめが社会全般で起きている。

メディアとリテラシーの歴史

　つい百数十年前まで、メディアの主流は新聞や書籍など文字メディアだった。そして20世紀初頭に誕生した映像のメディア（映画）と通信のメディア（ラジオ）は、とても強い影響力を獲得した。

　なぜなら文字メディアを理解するためには、識字能力が必要だ、つまり教育。ところが20世紀以前、教育を受けることができる人たちはとても少なかった。だから文字メディアがあっても意味をなさない。でも映画とラジオは、教育を受けていなくても理解することができる。これは画期的だ。こうして20世紀初頭、映画とラジオは世界中の人たちに熱狂的に迎えられて、人類はマスメディアを獲得する。情報がもっと行き来すれば、格差や戦争もいつかはなくなる。自分たちの生活も豊かになる。そう考えた人は多かった。でも現実は逆に動いた。

　ファシズム（全体主義）の台頭だ。代表はドイツとイタリアと日本。この時代以前にファシズムは歴史に登場していない。なぜならファシズムを実現するためには、メディアを使ったプロパガンダ（政治的な宣伝）が不可欠であるからだ。誰もが理解できるマスメディアが誕生したことで、特定の政治的な意図のもとに、主義や主張、あるいは敵対している国やその指導者の危険性などを、自国民に何度も強調して刷り込むことが可能になった。

　もしもこのとき多くの人が、ライオンから見た視点とインパラから見た視点では世界はまったく違うことを理解していれば、プロパガンダは簡単には行われなかっただろう。でもマスメディアが誕生したばかりのこの時代、メディア・リテラシーを持つ人などほぼいない。与えられた情報を事実だとそのまま受け取ってしまう。

　こうして独裁と戦争の時代が始まる。結果として枢軸国側は敗れて連合国側が勝利したが、戦後に映画とラジオは融合し、テレビジョンが誕生する。さらに近年は、国境や地域を簡単に飛び越えてしまうインターネットが、メディアにおける新たな要素になった。

　だからこそ知ってほしい。メディアは便利だけどとても危険でもある。多くの人が情報によって苦しみ、命を奪われてきた。情報を受け取るだけではなく発信できる時代になったからこそ、正しい使いかたを知らねばならない。言葉の暴力性も学ばなくてはならない。

　まとめよう。負の歴史を見つめること。記憶すること。そしてメディア・リテラシーを身につけること。メディアの弊害を覚えること。世界は多面的で多重的で多層的であることを知ること。だからこそ豊かなのだと気づくこと。

　こうした要素を少しでも付加してくれれば、今の教育現場もより豊かになると信じている。

「どうですか?」 「いいで〜す!」 の教室文化への 疑問

岐阜聖徳学園大学教授
玉置　崇

「どうですか?」「いいで〜す!」 という教室文化

小学校の授業で見られる光景です。

発言の最後に「どうですか?」と付け加えることがルールになっている教室はありませんか。これに呼応して、全員で「いいで〜す!」と応えることが日常化している学級はありませんか。

授業について指導助言を求められる立場ですので、年間、かなりの数の授業を参観しています。その中で、未だにこのような教室に出合うことがあるのです。皆さんの勤め先の学校ではどうでしょうか。

一見、全員が授業に参加していて、とても活発で良い授業のように見えます。級友の「どうですか?」に対して、全員が授業に集中していて声を揃えて反応するわけですから、理想的だと考えて、自分の学級でもこのような状況にしたいと思う教師がいるようです。

しかし、はたして本当に良い状況なのでしょうか。

「いいで〜す!」と声を出している子どもたちからは、発言へ同意の気持ちがほとんど感じられません。合言葉の一つだと思っている子どもが多いように思うのです。他ごとをしながら、みんなと合わせて「いいで〜す!」と声を出している子どもがいます。発言が終わるやいなや、挙手をして「いいで〜す!」と言っている子どもがいます。そこには、級友の発言をつなげていこうなどといった意思は見られません。決まりだから声を出しているだけなのだと感じます。

はたして、こうした教室では、正しい言語活動がされているでしょうか。私には、一人一人の考えを大切にした学級づくりがされているとは思えないの

■profile■
たまおき・たかし　1956年生まれ。愛知県公立小中学校教諭、愛知教育大学附属名古屋中学校教官、教頭、校長、愛知県教育委員会主査、教育事務所長などを経験。文部科学省「統合型校務支援システム導入実証研究事業委員長」「新時代の学びにおける先端技術導入実証事業委員」など歴任。「学校経営」「ミドルリーダー」「授業づくり」などの講演多数。著書に『働き方改革時代の校長・副校長のためのスクールマネジメントブック』（明治図書）、『先生と先生を目指す人の最強バイブル　まるごと教師論』（EDUCOM）、『先生のための話し方の技術』（明治図書）、『落語流教えない授業のつくりかた』（誠文堂新光社）など多数。

です。

こうした教室文化が見られた学校での講演では、学級を特定することはしませんが、先生方に、「どうですか？」「いいで～す！」作法について疑問を呈することにしています。

「職員会議で教頭先生からの『どうですか？』という問いかけに、先生方が一斉に『いいで～す！』と言われますか。このようなことをしたら、『人を馬鹿にするな！』と思われることでしょう。社会でやらないことは学校でもやらない方がいいと思うのです」

このように伝えています。

不適切な教室文化を排除したい悩みに応える

上記の講演後、私のところへ初任教員が相談にやってきました。小学2年生の担任です。次のような悩みがあっての相談です。

「先生の『どうですか？』『いいで～す！』という教室文化はおかしいというご指摘は、とても納得しています。しかし、先生がご覧になられたように私の学級は、まさにそのとおりなのです。4月早々の授業から、あのような教室文化なのです。

私自身、これはおかしいと思いながら、この時期まで来てしまいました。1年生のときの担任の先生があのような指導をされていて、子どもたちにすっかり定着しているのです。明日からでも止めたいと思うのですが、1年生のときの担任の指導を否定するようで、どうしたらよいかと困ってしまい、相談に来ました」

このような話でした。苦しい心境がとてもよく伝わってくる相談でした。そこで、次のように助言しました。

「気持ちはよくわかりました。確かに1年生から継続してきたことを止めましょうと子どもたちに伝えることは気が引けますね。こう話してはどうでしょうか。みなさんはとても成長してきました。話し合いもできるようになってきました。そこで、大人の世界にもう少し近づけましょう。『どうですか？』『いいで～す！』というやりとりは、大人の世界では行っていないのです。だから、これから少しずつ減らしていきましょう」

今を否定せず、さらに成長しようと子どもたちに投げかける提案に、相談者はなるほど！と言ってくれました。

もちろん発言者の方に体を向けて聞くこと、その発言に対して頷いたり、つないで発言したりすることは大人の世界でも行っていることですから、大いに奨励するとよいことも確認しました。

ハンドサインによる意見表明も疑問

社会で行っていないことは学校でも行わないと考えると、自分の考えをグー（賛成）とか、パー（違う）などで意見表明するハンドサインにも、私は違和感があるのです。ハンドサインが有効であれば、職員会議でも採用されているはずです。しかし、そのようなことがされている職場はないでしょう。ハンドサインは全員参加を促す手法だという方もありますが、全員に手を挙げさせることで見た目だけの全員参加授業を作り出しているのではないでしょうか。

このように、現状を疑って考えてみることをお勧めします。

授業の基本構造と教師の事前準備

上智大学教授
奈須正裕

知識や経験の子どもによる再構成

授業とは「白紙」である子どもの心に、教師が意味や価値を一方的に書き込むことではありません。子どもたちがすでに持っている、いい線はいっているけれど不完全な知識や未整理な経験を、子どもたち自身の意思と能力で主体的・対話的に再構成し、統合的な概念的意味理解へと学びを深めていけるよう支えることです。

たとえば、小学校三年生の小数の学習では、以前からよく「靴のサイズ」が用いられてきました。子どもたちに自分の靴のサイズを尋ねると、20、21、そして20.5などが出てきます。子どもたちは正規の教科学習として、つまりフォーマルに小数を学ぶ以前から、生活の中で膨大に見聞きしてなんとなく知っており、現に活用もしているのです。実際、ここで「テン5って何？」と尋ねると、知らない子もいますが、20センチ5ミリだと答えられる子どもも結構いて、「ああ、そういうことなんだ」と他の子たちも合点がいくでしょう。

「僕はおとといから20.5」という子がいて、聞くと「靴を買いに行ったら、それまで履いていた20がキツキツで。おじさんが『もう一つ大きいのを』と出してくれたのが20.5で、それがちょうどよかったのね。おじさんは『試しに』と21も持ってきてくれたんだけど、21はブカブカで、だから僕はおとといから20.5の子になったの」と言うのです。

このキツキツ、ちょうどいい、ブカブカという誰しもが共感できる身体感覚が、20、20.5、21という数字の並びと対応しており、ここから子どもたちは整数の間にさらに数が存在し、それがどうも小数というものらしいと気付くわけです。

この気付きが得られたところで、20センチから25センチまでの靴を立て、左から右へとずらりと並べて見せてもいいでしょう。靴先の高さが一直線で右肩上がりに高くなっていく景色から、子どもたちは数の法則性を実感するに違いありません。

靴の話題が一段落したところで、次に体重について尋ねます。すると、当然30.2とか29.7が出ますから、「あれ、テン5じゃないのもあるの？」と聞くと、子どもたちは自分たちの体重の数値を根拠に「テン1からテン9まである」と言います。

ところが、一人の子どもが不安げな表情で「私は30.0なんだけど」と訴えたのです。途端に、テン0はテン1からテン9と同じなのか違うのかが、クラス全員の関心事、解決すべき問題となります。仲間とはありがたいもので、何とかテン0もテン1やテン9と同じだという論理を生み出そ

なす・まさひろ　1961年徳島県生まれ。徳島大学教育学部卒、東京学芸大学大学院、東京大学大学院修了。神奈川大学助教授、国立教育研究所室長、立教大学教授などを経て現職。中央教育審議会初等中等教育分科会教育課程部会委員。主著書に『子どもと創る授業』『教科の本質から迫るコンピテンシー・ベイスの授業づくり』など。編著に『新しい学びの潮流』など。

うと、懸命に頭を働かせてくれるのです。

　折よく陸上の世界大会が開催されていて、100メートル走で日本人初の9秒台が出るかどうかに注目が集まっていた時の授業でした。ついには「100メートル走でも、コンマ何々秒の差で金メダルと銀メダルの違いになってくるでしょ。その時、記録が10秒00だったとしても、もっと細かなところまで計ろうとしたというのが大切で、結果的に10秒00になったからと言って、10秒と同じじゃない。だって、10秒というのは、9秒の次は10秒、その次は11秒って計り方をしたということだから。体重でもそうで、30.0キロと30キロは重さとしては変わらないんだけど、それは結果としてそうなっただけで、やっぱり30.0と30では意味が違う。だから、テン0はテン1やテン9と同じだと言えると思う」といった、小数概念の本質的理解へと連なる意見が飛び出します。

　子どもたちは拍手喝采、不安そうに訴えた子にも満面の笑みがこぼれました。

主体的・対話的に学びを深めるための準備

　このように、すでにある程度知っていることとの関連が見えれば、子どもは「あっ、そのことね」「知ってる、知ってる」となり、緊張や不安を抱くことなくリラックスして、だからこそ主体的に学びに向かうことができます。また、「私はこう

思うよ」「こんなこともあったんだ」「だったらさあ」と、各自のエピソードや考え、疑問や予想を出し合い、そのすべてが辻褄のあう状態を求めて、対話的・協働的に学びを深めていくでしょう。

　さらに、よく知っていると思い込んでいるからこそ、お互いの知識をすり合わせ整理していく中で、「何か変だぞ」「わからなくなってきたけど、何とかはっきりさせたい」「もしかすると、こういうことかな」「やっぱりそうだった」と粘り強く学びを深め、ついには正確な概念的意味理解へと到達することができるのです。

　そして、この動きを着実なものとするのが、教師の意図性や指導性の発揮です。まず、学習内容との関わりで、子どもたちがどのような知識や経験を持ち合わせているのかを的確に、また幅広に把握しておきます。一方、学習指導要領解説などを参考に、目指すべき本質的で統合的な概念的意味理解とはどのようなものかも、明らかにしておきましょう。

　その上で、どのような事実や問いとの出合いが、自分たちの理解が不完全で未整理であるとの気付きを子どもたちに生み出し、主体的・対話的な学びを推進する契機となるか、また概念的理解の修正・洗練・統合はどのようなプロセスを辿って効果的に実現されそうかなどについて、丁寧なシミュレーションを多角的に行っておきます。子ども中心での深い学びの創造は、このような教師の周到な準備の下で、はじめて可能となるのです。

オンラインで遠隔2校を同時研修
——熊本大附中の「生徒による授業研究」を生徒と学ぶ

本誌「ライブラリ」シリーズの「シーズン7」突入、おめでとうございます！ 学習指導要領改訂、コロナ禍対応及びGIGAスクール構想等々、激動の中で、学校現場のニーズを捉えつつも先を見通して、関連の理論や実践を広く提供し、多くの教育関係者に受け入れられてきた賜物と言える。筆者はその間、5シーズンにわたり連載を担当した。今回、1年ぶりの連載である。コロナ禍対応及びGIGAスクール構想の実現との絡みで、校内研修・集合研修共に大きく様変わりをし、筆者自身も様々な創意・工夫を凝らしてきた。歴史的にも大変な時代の中でこそ新たなアイディアが生まれよりよいモノが開発される。教育界・教員研修に関しても同様である。今後も多くの学校や教育センター等で試行錯誤を行っていきたい。本連載ではその一端を紹介していく。

💡 ダブルブッキングの危機をオンラインが救う

実は危機というほど大げさなものではないが、熊本大学教育学部附属中学校（以後、附中）の校内研修への助言（オンライン）を依頼されていたのだが、同じ時間帯に東京都八丈町立富士中学校（以降、富士中）の校内研修（対面）の企画・実施及び助言も依頼されたのである。表が両校の日程であ

る。打開策として、2校をZoomで繋ぐことにした。そして、せっかくの機会なので、富士中の教員及び生徒と一緒に、附中の研究授業と生徒による授業研究会を参観することにした。

まず、附中の研究授業を富士中の手の空いている教員や管理職と共に、Zoomを活用してリアルタイムで参観した。その後、附中のお家芸である生徒による授業研究会（後で詳述）を富士中の教員と生徒（有志）と共に参観した（写真1）。附中の教員による事後研究会の時間帯は、富士中の校内研修を同時並行で実施した。富士中の研修が早く終わったので、再び附中の研修の様子を参観した。筆者は富士中の校内研修に対する指導助言の後、附中の研究授業と生徒による授業研究会に絞っての助言を行った。途中、音声等の若干のトラブルはあったが、綱渡りのリアルタイム同時研修を無事終えることができた。

写真1

💡 生徒参加の「マトリクスを用いた学校行事等の最適化ワークショップ」

富士中の研修は、教育課程全体や学校行事、総合

表

熊本大学教育学部附属中学校		東京都八丈町立富士中学校	
13：05～13：55	研究授業	13：05～13：55	筆者と一部教員によるオンラインでの研究授業参観
14：25～14：55	響き合い学習会（生徒による授業研究会）	14：25～14：55	筆者と一部教員及び生徒有志によるオンライン参観
15：10～	教員による事後研究会	15：00～16：30	富士中の校内研修
		16：30～	筆者と一部教員及び生徒有志によるオンライン参加

村川雅弘

甲南女子大学人間科学部・教授

的な学習の時間等の年間指導計画の見直しを行うワークショップである。前日夕方の打ち合わせの時に、筆者は「生徒参加」を持ちかけた。突然の提案にもかかわらず、教員はすぐに動き、部活で残っている生徒に声かけを行い、翌日の研修には9名の生徒が参加した。四つのチームに分かれ教員に交じって、行事や授業の当事者の視点から「よかった点」や「問題点や課題」、「改善策」を具体的に述べた。生徒の率直な考えを引き出す教師のファシリテート力が発揮されていた。研修冒頭での「発表も生徒に」と半分冗談の筆者の言葉も受け入れてもらい、4チームともに生徒が発表した（写真2）。研修の詳細は紙幅の関係で割愛する。『教職研修』（教育開発研究所）6月号で紹介している。

写真2

　実は、2校以外に、この企画に興味を示していただいた文部科学省教育課程課の堀田雄大氏（現新潟市教育センター指導主事）と櫃田圭子氏にもオンラインで参加いただいた。堀田氏には富士中の研修に関して、「教師と生徒がフラットな関係にあり、大人の会議を観ている感じだった。その中でいい意見が沢山出ていた」「生徒の立場だからこその具体的な改善策が示されていた」「生徒による発表の中で、学校全体の教育活動の成果と課題が、小中合同の視点や3年間を通した視点など、カリキュラム・マネジメントに繋がるものだった」など、貴重なコメントをいただき、生徒自身もさらなる達成感を得たと思えた。

当事者である生徒による授業研究会

　附中は文部科学省の「これからの時代に求められる資質・能力を育むためのカリキュラム・マネジメントの在り方に関する調査研究」の研究指定校である。筆者は調査研究の委員として、令和3年12月に附中を堀田氏と訪問し、「学習リーダー会」（各クラスから2名ずつ選出）の生徒による授業研究会「響き合い学習」を目の当たりにし感動した。

　筆者の原点は授業研究である。カリキュラム・マネジメントや総合的学習等を専門にしているが、どのような研究課題に関わろうとも授業づくりや授業研究を中心に考えてきた。一般的には、研究授業は教員が参観し、事後研を行い、そこでの学びを授業を通して児童生徒に還元していくが、附中では「学習リーダー会」の生徒自身が研究授業を参観し（写真3）、授業研究会「響き合い学習」を行い（写真4）、その生徒が研究会の成果を各教室に持ち帰り、生徒の手で授業改善を行う。また、「響き合い学習」の様子はリアルタイムでその研究授業を行った教室で公開される。「響き合い学習」の様子を観る眼はどの生徒も真剣である。下学年の生徒の率直な意見にも熱心に耳を傾けている。協議の中で褒められると自然と拍手が起こる。この生徒による授業研究会

写真3

写真4

を富士中の生徒に見せたかった。

話し合いにおける 望ましい立場や役割を考える

富士中の教員とオンライン参観した１年国語「話し合いで理解を深めよう」は、１学年最後の「話す・聞く」について考える授業である。本単元（６時間）の「期待する生徒の姿」は「グループディスカッションにおける個の適性に応じた望ましい立場や役割を自ら判断し、他教科や生活の様々な場面での話し合い活動に進んで貢献しようとする姿」としている。

参観授業は本単元の２時間目で、学習課題は「学年目標に入れたい言葉をグループで話し合い、一つにまとめよう」である。附中ではどの授業でもグループディスカッションを重視している。この日の研究授業は、自分と他者の発言を結びつけたり、他者同士の発言を結びつけたりして、自分の考えや集団としての考えをまとめるために、一人一人がどんな発表や聞き方を心がけるかを話し合い、次年度の学年目標に入れる言葉を決めることを目標としている。この日も教員に交じって十数名の生徒が、「響き合い学習メモ」を手に授業参観を行った（写真５）。

写真５

まず、前時に作成した「話し合いのルーブリック」の確認を行った。基準Bは「具体例を挙げる」「話し合いの軸を確認する」「みんなの考えに付け加える」など、基準Aは「中盤において話題を転換する」「発言を整理する」など、基準Sは「みんなの考えをまとめる」「反対意見を述べる」である。

授業冒頭の発言者の意見に対して、さっそく各自

に考えさせ、その考えがどの基準に当たるか、その理由は何かを発表させた。その後、「互いの発言を結びつけて考えをまとめていく話し合いにおいてどのような発言でグループに貢献しますか」「どのような発言が話し合いにどんな影響を及ぼしたか」についてグループディスカッションを行い、個人でまとめ、発表・共有化、最終的にルーブリックの追加・修正と進む。授業の詳細については割愛する。

生徒による授業研究、再び

今回の学習リーダー会の後期目標は「課題に対する意見や疑問を出し合い、課題解決する中で、互いの思考を深めることができる」である。まず始めに、司会の生徒が授業研究のポイントの確認を行った（写真６）。それを受けて、各自、「響き合い学習メモ」の記述内容を踏まえて発表・協議を行っていった。

写真６

この授業でのメモ（一部、資料）の構成と生徒の記述内容を紹介する。まず、左上に「学習リーダー会が目指す響き合い授業図」（生徒と担当教員による作成）がある。図の最下層は「気軽に発表出来る環境」で、その上に「問い」とある。大きな楕円は「①疑問に全員で向き合う姿」、その中の下の枠は「②自分の意見を持つ能動的な姿」、上の枠は「③互いに意見を尊重し、全員で解決しようとする姿」である。今回の参観ポイントとして、後期目標と関連して「課題に対する意見や疑問を出し合い、問い（学習課題）に迫る中で、互いの思考を深めること

●Profile
むらかわ・まさひろ　鳴門教育大学大学院教授を経て、2017年４月より甲南女子大学教授。中央教育審議会中学校部会及び生活総合部会委員。著書は、『「カリマネ」で学校はここまで変わる！』（ぎょうせい）、『ワークショップ型教員研修 はじめの一歩』（教育開発研究所）など。

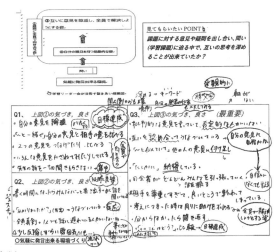

資料

が出来ていたか？」が示されている。

このシートのメモを一部紹介する。まず、①に関しては「自分の意見と相手の意見を比べる」「いろんな意見を重ねている」ので「全員で向き合う」「目標達成」と読み取れる。②に関しては「書く時間になったらみんなバッと書き出す」「話に遅れている人がいない」など肯定的な記述が多いが、「少し反論しずらい雰囲気かも」ともある。③に関しては「批判的な意見を言っていて、否定的な人はいない」「お互いを認め合ってうなずいている」など肯定的な記述が多い。一方、別な生徒のシートでは、①に関して「話して終わり。そこから自分の作業になっている」など、②に関しては「時間を意識しない」「反応の差が大きい」「自分の意見を上手く利用できていない」など、③に関しては「グループの反応が無い」「話していることの軸を確認できていない」など、厳しいコメントもあった。観察対象のグループの違いが要因と考えられるが、いずれもきめ細かく観察し丹念に記録している。

30分の協議は12月と同様、中身の濃いものであった。司会が論点を整理し、それについて話し合う。

意見が出にくい時はすかさず１分程度のグループディスカッションを設ける。「同じ意見で終わらずに、その改善点とかアラ探しをすることで意見が深まる」「アラを探すのでなく、不十分な所を指摘し、アドバイスをして補うことで、よりよい意見を創り上げていける」「意見に自信のない人は周りの人に聞いてもらう」「安心して意見が出せるようなクラスづくりが大事」など様々な具体的な考えが出された。

司会が「素晴らしい意見をありがとうございます。私にとっても、１年４組にとっても、全体にとっても役に立つ濃厚な話し合いができたと思います」と述べた後、改めて「どんな授業が響き合う授業か」と問いかけている。それに対して、「相手の意見を尊重する」「批判しやすい雰囲気づくり」「全体が参加して様々な意見が飛び交う」などの意見が出た。司会がまとめとして「気軽に発表できる環境が響き合う授業の土台。その上で、自分の意見を持ったり、相手の意見を尊重して共に解決できる。次の学年で生かしていきましょう」と締めくくった。最後に、授業を行った１年４組の代表２名がお礼と抱負を述べた。

この一部始終をオンライン参観していた富士中生徒のコメントを一つ紹介する。「話を回すのがうまくてすごいなと思いました。自分たちがしている活動を客観的に見ることでこれからの自分たちの授業や話し合いの改善につながると思いました。やってみたいと思いました。（中略）意見を言う前に必ず周りの近くの人と意見を共有しているのが良いと思いました」

遠く離れた二つの中学校を結んで研修を実現することができた。附中のこの取組を参考にして、富士中の生徒によるカリキュラム・マネジメントの次なる一歩「生徒による授業研究」の実現を期待する。

普段使いのタブレット端末で
授業実践とICTの「ベストミックス」に挑戦

福岡県那珂川市立安徳北小学校

Lead

安徳北小学校（佐藤円校長）の授業では、子どもたちが個別学習、協働学習など様々な場面で、タブレット端末を普段使いの文房具として使いこなして学習を進める。同校の"新たな日常"の授業はどのようにつくられていったのか。

ICT活用をニューノーマルにした授業づくり

安徳北小学校では、今日も、GIGAスクールを日常化させた授業が展開されている。

6年生の音楽の授業では、リコーダーの演奏に取り組んでいた。全体授業の後、各自が課題曲を個別に練習したり、友達と一緒に演奏するために、校内の思い思いの場所に行って、タブレットを前に練習したり、友達と協奏したりしていた。児童たちはホームベースとなる教卓とつながり、リモートながら、全員が一緒に授業に参加していた。

校庭では、2年生の生活科が行われていた。朝顔の観察でタブレットを使って記録。写生の材料としたり、生育の記録をしたりする学習に取り組んでいた。

1年生の国語では、学習した文字を画像に撮ってネットワークにアップするなど、就学後わずか2週間でタブレットを使いこなす姿が見られた。

特別支援学級では、学年を越えた授業を同時に行っている。担当の教師は、個別の学習を把握しながら、タブレットで学ぶ子どもたちの支援に勤しんでいる。

このような、日常の授業が、タブレットを中心にしたICT活用によって進められているのが安徳北小の実践だ。

授業の場面に即して、資料の提示や子どもからの回答の収集・共有が容易にできる「ロイロノート」（ロイロノート・スクール）や、一人一人の子どもの学びを教師がモニタリングできたり、子ども同士の意見交換やプレゼンがしやすい「メタモジ」（MetaMoji ClassRoom）などを適宜採用し、指導案にも反映させて授業を行っている。

例えば、体育の跳び箱の授業では、導入時にこれまでの学習履歴を振り返る場面で「ロイロノート」を使用し、本時のめあてを共有する場面では「メタ

思考の流れを明示

生活科観察。記録をとって写生や生育観察を行う

教室からの遠隔でリコーダー練習

佐藤円校長　　　　　山田耕司教頭

表　体育の指導案

場	主な学習活動	具体的な手立て
つかむ	1　前時までの学習を振り返り、より高く跳ぶためにはリズミカルな助走が必要であるという課題をつかむ。 ○　手本となる動きと前時の動きの比較を通して、助走のリズムの違いに焦点をあてる。 　学習履歴(ロイロノート)をもとに既習の確認 　【めあて】　5歩で自分にあったリズミカルな助走を身につけよう。	【一斉学習】 ○　本時の課題をつかませるために、前時の記録から助走のリズムがとれている児童の手本を見せる。 　ロイロノート 　メタモジ
つくる	2　助走歩数を5〜6歩に設定し、歩幅やスピードに変化を入れたリズミカルな助走の仕方をおさえる。 ○　自分に合うリズムの助走を見つける活動を通して、助走が5〜6歩の走り高跳びをする。 　自己の動きの情報収集 ○○○○○ 同じリズムの助走 → ・「トーン・トーン・トントントン」のリズムがいいな。 ・「トントーン・トトトン」のリズムが跳びやすいな。 ・最後の3歩はみんな一緒だね。	【グループ学習】 ○　助走のリズムに焦点を当てさせために、助走を音（オノマトペ）に変えさせて練習をさせる。 　フォトアプリ
高める	3　助走路にケンステップや踏切板を使ってリズミカルな助走の仕方を身に付ける。 （1）　踏み切りの3歩手前に踏切板を置いて、大きい変化をつけたリズミカルな助走での走り高跳びをする。 踏切板　○ ○○○○ イチ・ニー・イチニサン ・最初は力を抜く感じで走ろう。 ・最後の3歩はスピードが必要だ。 （2）　スタート位置を見つける活動を通して、安定したリズミカルな助走から走り高跳びをする。 ・踏切板を使うことで、歩幅に変化が出て助走距離を長くとる必要があるぞ。 ・いつも同じように助走をする必要がでてきたぞ。 （3）　自己記録に挑戦する活動を通して、動きの高まりを実感する。 　自己の動きの付加・修正	【グループ学習】 ○　助走のリズムに焦点を当てるさせために、リズムを声に出させて跳躍させる。 ○　スタート位置を可視化させ、自分で調節できるようにするために、目印となるものを置かせる。 ○　跳び終わった後に自分の動きを確認させるためにグループで撮影をする。 　フォトアプリ
生かす	3　グループ対抗戦をし、自己やチームの動きの高まりを実感し、本時を振り返る。 （1）　グループで協力し、グループ対抗戦をする。 　【まとめ】　助走では最初ゆっくりで最後の1・2・3の速いリズムで歩幅をせまくして速さと歩幅に変化をつける。 （2）　高まった動きと最初の動きを比較し、自他の良さを発表する活動を通して、自他の伸びを実感する。 　自己の解決方法の共有・比較	【協働学習】 ○　本時の動きの高まりを実感させるために、グループで協力して動画に残させる。 　ロイロノート　フォトアプリ ○　次時への意欲をもたせるために、自他の動きの高まりについて発表させる。 　メタモジ

モジ」を使った。助走の場面や動作の確認などをフォトアプリで撮影したり確認したりし、授業のまとめをメタモジを使って発表するといった具合だ。

入学後2週間の1年生もタブレットを使いこなす

「ジャムボード」（Jamboard）は、一つの画面で共同作業ができるインタラクティブな機能を持っていることから、グループ討議やワークショップ的な学習に適したアプリだ。明治維新を扱った社会科の学習では、資料を分類整理したり、似た考えをもつ子どもたち同士でグループを作って議論をし、考えをまとめたりする授業を「ジャムボード」を活用しながら行った。

特別支援では個別学習でICT活用

跳び箱のフォームを動画で記録

このように、個別的な学習場面や協働的な学習場面など、授業の様々な場面で、各種のアプリを活用しながら、主体的で対話的な学習や深い学びにつながる学習活動に挑戦しているのが安徳北小学校の授業づくりだ。

学級閉鎖でもリモートで授業を実施

このような授業づくりに取り組んだのは昨年度から。同校では、わずか1年で、ICTを駆使した授業を実現させ、今年2月、日本教育工学協会から「ICT活用・情報教育などに積極的に取り組んでいる学校」として「情報化優良校」に認定された。

これまでの授業実践の蓄積とICT活用の「ベストミックス」を目指すとする同校の取組は、参考となる部分が多い。どちらかが主でなく、バランスの取れた授業研究が同校の強みと言える。

「新時代を生き抜く力」を育む研究構想

安徳北小の研究主題は「新時代を生き抜く力を育む授業の創造～効果的なICTの活用を通して～」。Society5.0時代に向けて、社会のあらゆる場所でICT活用が日常となり、次代を生き抜く力や主体的に学び発信する力を育てていくため、「新時代を生き抜く力」として、①自分で課題を見つける力【課題発見力】、②課題解決に必要な情報を収集、分析、整理、発信できる力【情報活用能力】、③課題解決の方法を共有したり、練り上げたりして新たな価値を見出す力【共創力】を設定し、それら3つの力を連続させて課題解決力を養うことを目指している。

これを実現するため、①課題を見つける→②課題解決に必要な方法・内容追究→③方法・内容の精査、練り上げ→④課題についてのまとめ、といった学習過程を設定し、そのサイクルの中で【課題発見力】【情報活用能力】【共創力】を発揮していく授業を構想した。

こうした学習過程の中に、①一斉学習、②個別学習、③協働学習、④遠隔学習の場面で、効果的にICTを活用することとしている。それぞれの学習スタイルにおけるICT活用は以下のとおりだ。

① 【一斉学習】：既有の知識・技能から課題を見出すためにICTを用いる。
・プロジェクターを用いた問題の提示（部分提示、動的資料提示、既習の提示、ノート提示など）
・プロジェクターや端末を用いた既習の振り返り（スタディログ、ロイロノート、メタ

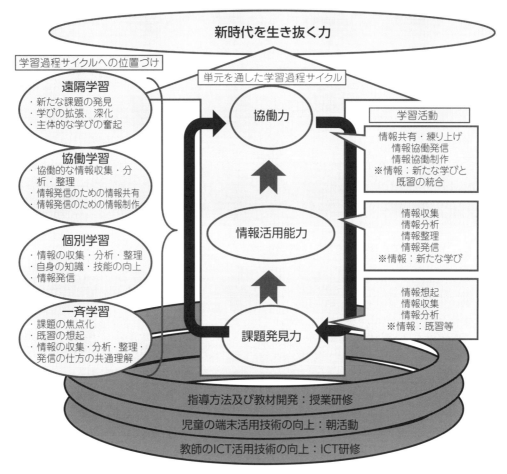

安徳北小学校の研究構想図

モジなどのアプリ使用）
　・デジタル教科書、デジタル教材の提示
② 【個別学習】：知識・技能の獲得・定着させる
　ためにICTを用いる。
　・教師による説明の際の映像資料の視聴
　・一人一人の習熟度に応じた学習（習熟度に
　　応じたドリル教材などの使用）
　・一人一人の学習の進捗状況の観察（メタモ
　　ジ、eライブラリなどのアプリ使用）
　・学びの足跡（ロイロノート、メタモジ、e
　　ライブラリなどのアプリ使用）
　・インターネットを用いた情報収集、写真や
　　動画などによる記録
　・発表資料などの作成（パワーポイントやロ

イロノートなどのアプリ使用）
③ 【協働学習】：協働的に課題の追究をしたり、
　考えを発信したりするためにICTを用いる。
　・プロジェクターや交信アプリを用いてグ
　　ループや学級全体での発表や交流
　・グループでの資料の制作
　・グループや学級の意見・考えの整理
④ 【遠隔学習】：遠隔地のゲストティーチャーや
　他校児童等との交流を行い、意見・考えの拡
　張、深化するためにICTを用いる。
　・meetやzoom等を用いて遠隔地との交流

　福岡県の研究指定を受け、3年間にわたり実践研
究を進め、効果的なICT活用に基づく主体的・協働

的な学びに向けた成果を求める取組を進めているのが安徳北小の取組だ。

若手とベテランの協働で授業実践とICTの「ベストミックス」を実現

「何に活用してもよいから、ともかく使ってみようということからスタートしました」と言うのは佐藤校長。

同校のGIGAスクールの取組は昨年度に始まったばかり。教師たちにも授業への活用を求め、あえてタブレットを使うことを目的に取組はスタートした。コロナ禍も相俟って「使わざるを得ない」状況になったことも取組を進めるきっかけとなったという。

子どもたちには、昼休みや放課後にタブレットでドリルやゲームを行うことや、那珂川市が進めるタイピング競技会に合わせて、「A-1グランプリ」と称する校内タイピングコンテストを実施したりして、タブレットに慣れさせる取組を行った。

教師たちには、教職5年未満が半数というICTに慣れ親しんだ若手が多いことを利点に、学年会でタブレットの操作、アプリの使い方についての校内研修を若手主導で行ったり、交換授業を実施したりして、学年間で"ICT格差"が生じないよう、スキルの育成を目指した。授業のつくり方・進め方などについては、ベテランが活躍。ICTスキルと授業づくりの研修が一体となって進められた。

当初は戸惑いを見せていたベテラン教師も変わっていった。ICTに長けているが授業の経験が少ない若手教師と、ICTに長けてはいないが授業経験豊富なベテラン教師との間で、お互いを学び合う風土が生まれてきたという。

跳び箱やマット運動を動画撮影し、友達と話し合いながら理想のフォームと比較したりする体育の授業、タブレットに一覧された友達の絵について評価し合う図工の授業、あるテーマについて似た考えを持つ友達同士がタブレット上でグループとなって話し合う学習。こうした新しいスタイルの授業がわずか1年の間に次々と生まれてきた。教師たちの新しい発想によって、単にタブレットを使う授業ではなく、そこに個別最適な学びと協働的な学びを取り込んだ授業が実現していった。同校では「ICTと授業づくりのベストマッチ」を目指しているが、それは若手・ベテランの教師同士の相乗効果によって生まれているようだ。

校務についても、教師からの提案文書、校長による学校経営に関する説明、出勤時の教員の健康チェックや諸連絡など教頭による諸事務などをオンライン化し、校長室と各教室をつないだ職員会議や全校朝会なども実施。ICTの導入で、安徳北小の日常は、大きく姿を変えていった。

個別追究

友達と協働で学習

「やってみると、とても効率的なシステムだということが分かったのです」と佐藤校長は言う。例えば、これまでの全校朝会では、教室からの移動、整列、事後の教室への移動などに多くの時間がかかっていたが、オンラインならば、移動時間なしですぐに全校朝

似た考え同士でグループ学習

学びの振り返り

●DATA

那珂川市立安徳北小学校
〒811-1252
福岡県那珂川市五郎丸1-11
TEL 092-952-4899
FAX 092-952-5986

会を始められるし、終われば「10秒で授業に移れる」（佐藤校長）という。職員会議なども同様で、書類を配ったりすることなしに、PDFなどを資料とし、アプリ機能を使ってアンダーラインやマーカーを引いたり書き込みを入れたりしながら各自がデジタル化された資料を活用できる。

「もちろん、対面での朝会や会議も必要ですが、子どもにも教師にも余分な負担のないシステムは、コロナ以後も使えると思います。ICTでどのように実践を生み出すかという発想の転換が必要ですね」（佐藤校長）

ICT活用で確かな学力を育む 授業モデルを目指す

「安徳北小では、ICTの活用が『日常的・継続的』に行われていることが大きな特長。全ての学年、学級、様々な教科で活用が図られている。ICT活用について日常的に校内で共有するなど、推進体制のよさが取組のよさにつながっていると思う」とは市教委教育部教育指導室の松元浩一郎室長。

那珂川市教委では以前から「深い学びに向かう振り返り」を重視した「那珂川スタンダード」に基づく授業づくりを進めている。ICTを効果的に活用することで、子どもたちが自分自身の学習状況（スタディログ）を振り返り、次の学びにつなげることが容易になったという。このような「那珂川スタンダードとICT活用のベストミックス」により個別最適な学びの具現化に取り組む意向だ。同市のICT推進は、「まずは色々と使ってみよう」という「導入期」を脱し、「活用期」「発展期」へと移行しつつあるとのこと。安徳北小に対しても、「ICTの特性・強みを生かした効果的活用の授業モデルを構築していただき、その成果を広く共有していきたい」（松元室長）と期待を寄せる。

この1年を振り返り、「（子どもたちの姿から）ICT活用で、学校に来ることや友達と学習することが楽しくなったように感じます。これまでの一斉授業の中で、机にじっと座ってノートをとって教師の話を聞くということが苦手な子にも、タブレットなどを活用した授業は個別最適な学びや協働的な学びを保障できる。その意味で、タブレットが学習を楽しくするアイテムとなってほしいと思います」と山田耕司教頭は言う。

友達のリアルな学びも教材に

遠隔で平和学習

研修の案内もオンラインで

佐藤校長は、「タブレットを当たり前の文房具として学校でも家でも使えるようにさせたい。ICT活用によってどれだけ確かな学力を身に付けさせられるか、豊かな心を育てられるかが私たちの勝負。そのための授業研究を今後も続けていきたいと思っています。まだ実践はスタートの段階ですが、1年でこれだけ変われるという実感を糧に今後の取組につなげていきたい」と抱負を語ってくれた。

GIGAスクールによって劇的に日常を変えた安徳北小学校。これからは、スタディログの研究や、学習の自己調整力に着目した自律的な学びを目指すという。今後の取組が一層注目されよう。

（取材／本誌 萩原和夫）

れて、打ち込みができないのです。起床、歯磨き、食事、仕事などの毎日のルーチンに、「嫌いな食べ物打ち込み」が加わりました。

頑として扉が開かない日々が過ぎていくうち、私は過去の自分を「秘密の質問」を登録した頃の、大学生の自分と、心の中で対話を始めたのです。

上京した当時の自分は、とにかく尖っていました。映画サークルの扉を叩いたのはよいのですが、先輩に「どんな映画が好きなの？」と聞かれて、誰も知らないようなカルト映画の名前を答えたところ、その先輩が「そうそう、いいよね、あの映画！」と共感してくれたのが気に入らなくて、そのまま辞めてしまった、なんてことも。自分だけ知っていることがひそかに自慢だったので、プライドを傷つけられたと感じたのですね。なんという面倒くさいやつ！

「なあ、おまえ、いったいなんて打ち込んだんだ？」

心の中で、四十歳の私は、二十歳の私の肩に、優しく手をまわします。本当は、馬鹿なあの頃の自分をひっぱたいてやりたい気分ですが、四十歳の私はいちおう大人なので、そんなことはしません。すると、尖っていた二十歳の私は、

「ふーん、そんなに教えてほしい？」と、四十歳の私の腕の下からするりと抜け出すと、見下すような視線を向けてきます。

「四十歳になって、もう俺の苦しみなんて忘れてしまったんだな。薄情な奴だよな、音痴のくせに俳句研究会のみんなとカラオケにいって、やっぱり恥ずかしくて歌えなくて、席の端っこでひとりボソボソ食べていたオニオンリング、あのマズさも忘れてしまうなんて……」

「あっ、そうか、オニオンリングか！　そうなんだな？」

四十歳の私は、二十歳の私の肩をつかみ、激しく揺さぶります。

「やってみればいいんじゃね？」

にやついている二十歳の私をかきけして、パソコンの画面に向き合い、「オニオンリング……」「答えがまちがっています」のメッセージが表示される。こんなことの繰り返しでした。

結局、私は私の「嫌いな食べ物」を突き止めることができず、またサイト自体が「秘密の質問」をセキュリティに採用するのをやめてしまったので、長年使っていた私のメールは、永遠に使えなくなってしまいました。しかし、思いがけず、「秘密の質問」は、過去の自分と向き合う機会を与えてくれました。その結果、この二十年の歳月を、肯定できるようになったのです。「嫌い」にあふれていたあの頃の自分が、「好き」といえるものを、増やすことができたとわかったのですから。「秘密の質問」よ、ありがとう！

……とは、まあ、ならないけれど。これ、廃止したほうが、よくないですか？

高柳　克弘

俳人・読売新聞朝刊「KODOMO俳句」選者

●profile●

1980年静岡県浜松市生まれ。早稲田大学教育学研究科博士前期課程修了。専門は芭蕉の発句表現。2002年、俳句結社「鷹」に入会、藤田湘子に師事。2004年、第19回俳句研究賞受賞。2008年、『凛然たる青春』（富士見書房）により第22回俳人協会評論新人賞受賞。2009年、第一句集『未踏』（ふらんす堂）により第1回田中裕明賞受賞。2016年、第二句集『寒林』（ふらんす堂）刊行。現在、「鷹」編集長。早稲田大学講師。新刊に評論集『究極の俳句』（中公選書）、児童小説『そらのことばが降ってくる　保健室の俳句会』（ポプラ社）、第三句集『涼しき無』（ふらんす堂）。2022年度Ｅテレ「NHK俳句」選者。中日俳壇選者。

「こころ」を詠む ［第1回］

わが机上飢ゑたる蟻がいつも通る　克弘

「秘」

　密の質問」をご存じでしょうか。ネット上のセキュリティの一種で、パスワード代わりに使われるものです。私的なページに入ろうとすると、「あなたのペットの名前は?」とか「はじめての先生の名前は?」などと質問が表示され、あらかじめ登録しておいた答えを打ち込むと、許可されるわけです。最近、この「秘密の質問」をめぐって、私の上に大事件が起こりました。

　学生時代からずっと使っていたフリーメールが、不正アクセスがあったとのことで、一時的に使用不可にされてしまいました。再び使えるようにするためには、「秘密の質問」を突破しなくてはなりません。画面に表示された、「あなたの嫌いな食べ物は?」という文言を見て、キーボードを打つ手がはたと止まりました。嫌いな食べ物?　私にそんなものはありません。嫌いな食べ物?　この「秘密の質問」を設定した大学生の頃の私は、いったい何を考えていたので

しょう。「母親の旧姓は?」という質問にしておけば、何なく突破できたものを、よりによってこんな曖昧な質問を選ぶとは!

　まずは、ちょっと苦手である「鶏皮」と打ち込んでみたが、はじかれてしまいます。「とりかわ」「トリカワ」でもだめ。なら、味は好きなのだけど、アレルギーがあって食べられない「えび」を打ち込んでみますが、これも受け付けません。俳人だから気取って「海老」と入れたかなと思って試してみましたが、ブッブー。さあ、困った。

　もうこれ以上、自分が苦手とする食べ物が思いつかないのです。やむなく、検索サイトで「嫌いな食べもの」を調べてみます。世間のみなさんの大勢が嫌うものを、試しに入れてみようという作戦です。「パクチー」「納豆」「ピーマン」などなど……ランキング上位から、ひとつひとつ、打ち込んでいきます。打ち込める言葉は、一日十件に限られます。それ以上は、機械が自動的に打ち込んでいると疑わ

「教育漫才」栄劇場

こわいもの

【1組目】またく

埼玉県越谷市立新方小学校長
田畑栄一

たばた・えいいち 「自殺・不登校・いじめのない、子どもたちが生き生きと笑って学べる学校の創造」を目指して、8年前から教育漫才を発案し実践を積み重ねている。温かい雰囲気に学校が変容し、人間関係が円滑になる教育効果を実感し、その魅力を全国に発信している。著書に『教育漫才で、子どもたちが変わる〜笑う学校に福来る〜』（協同出版）、『クラスが笑いに包まれる小学校 教育漫才テクニック30』（東洋館出版社）。

ボケ・ツッコミ：「はい　どうも〜」

ボケ・ツッコミ：「『またく』です。よろしくお願いします。」

ツッコミ：「私の名前は、〇〇〇〇です」（声を細くして）

ボケ：「私の名前は、〇〇〇です」（声をさらに細くして）

ツッコミ：「ね〜　こわいものってなあに？」（声を細くして）

ボケ：「ゾンビ」（声を細くして）

ツッコミ：「かまれると、いやだからね」

ボケ：「あとは、スケルトンかな」

ツッコミ：「骨が動いてこわいからね」

ボケ：「あとは、フラダンスとか」（急にフラダンスを始める）

ツッコミ：「フラダンスは、こわくないよ。しっかりしてね」（声を細く大きくして）

ツッコミ：「ところですきなたべものってなあに？」（声を細くして）

ボケ：「たこやきとか」（声をさらに細くして、腕で大きなたこやきをつくる）

ツッコミ：「なるほど。中のたこがおいしいからね。他には？」（声を細くして）

ボケ：「あとは、すしとか」（声をさらに細くして、寿司を握る真似）

ツッコミ：「上のネタはいろんな種類があっておいしいからね。他には？」（声を細くして）

ボケ：「パラソルとか」（声をさらに細くして、ゆっくり背伸びしてパラソルを開く真似）

ツッコミ：「おいしいよね。……それって食べものじゃないよ。というか、ハワイか！もういいよ！」（声を細く大きくして）

ボケ：「どうもありがとうございます」（元気よくあいさつして去る）

観衆：拍手喝采

フラダンスの真似

❖舞台袖から❖

　本校1年生コンビ「またく」が、令和4年3月に行った学級教育漫才大会でのネタです。この「またく」がこのネタで、最も笑いを取ったコンビです。なぜでしょうか。

　1年生でもネタを簡単に作り、披露することができるのです。それは漫才の基本型としての、三段落ちを活用した組み立てを学んでいるからです。「普通のこと（ゾンビ）➡普通のこと（スケルトン）➡ズレ（フラダンス）」。これが三段落ちです。繰り返された一番目、二番目の回答で、（そうだ！ゾンビは「こわい」。そうだ！スケルトンは「こわい」。）と思っているところで、（三番目にも同じような「こわいもの」がくるぞ……と）予想した三番目が、イメージとズレることによって、観衆の笑いを引き出すのです。1年生の子どもにこの基本型を教えると、子どもたちはたくましく想像して「教育漫才」を創造します。

　このコンビは「基本型×2」という繰り返しをしています。さらに、声色を使ったり、動作に緩急をつけたり、落ちの「フラダンス」のタイミングで踊ったり、「またく」ならではの独創的な表現が聴衆のツボにはまったようです。日頃おとなしいツッコミ役が堂々と取り組む姿勢にも新しい発見があり、笑いにつながったようです。コンビを讃える温かい笑いと拍手が続き、会場には優しい空気が流れました。

　マスクを付けている今だからこそ、笑って明るく生きる子どもたちを育てたいと思います。

異動先の相性の悪い同僚に、無理して合わせなくてOK

明治大学教授　諸富祥彦

　こんにちは。諸富祥彦といいます。明治大学教授で、学校カウンセリングや臨床心理学が専門です。心理カウンセラーの実務家でもあり、23年ほど、中学や高校のスクールカウンセラーをしています。また、1999年から、「教師を支える会」というサポートグループを月に1回ほど開催し続けています。

　今回から6回にわたって、これまでお聞きしてきた教師のみなさんの悩みをもとに、みなさんが教師という仕事を、楽しんで続けていくための心得のようなことをお話ししたいと思います。

　今この原稿を書いているのは4月の末、まだ新年度が始まって間もない、あわただしいシーズンです。

　この時期の先生方の定番の悩みの一つがこれ。「新しい学校に異動になりました。異動した先の学校で、どうもうまく人間関係がつくれません。毎日、学校に行くのがおっくうで、おっくうで……」というものです。

　聞けば、「私、子どもの頃から、あまりよく知らない人と関係をつくるのが苦手だったんです。クラス替えのたびに、友だちづくりがうまくいかずに、学校がつらくなっていました。新しい担任に慣れるのにも時間がかかって……。一度、不登校になりかけたこともあります」とおっしゃいます。

　「だから私、教員になっても、異動がとても苦手なんです。いっぺんにたくさんの同僚に囲まれて緊張するし、管理職の先生と親しくなるのにも、時間がかかります。けれども今回は特に……同じ学年に、やたらと内面に踏み込んでくる15歳年上の男性の先生がいて、ことあるごとに、『先生は、どうしてそうされるんですか？』とたずねてくるんです。いちいち相手をするのに、すごく疲れてしまって……。生徒たちは可愛いんですけど、その男性教員とうまくやっていく自信がありません。もう疲れちゃって……」というのです。

　みなさんも、ありませんでしたか？　これと似たこと。異動先、「どうも苦手な先生」がいて、どうかかわっていけばいいか、困ってしまったことです。

　私からのアドバイスは「無理して相手に合わせる必要はない」です。このタイプの方は、こちらが調子を合わせると、ますます無神経にこちらに寄ってきます。

　「すみません。今、〇〇が忙しくて、お話ししている余裕がなくて……」と伝えて、うまく「距離」を取りましょう。繰り返していると、そのうち、相手もあまりかまってほしがらないようになるでしょう。

　「同僚同士、みなで仲良くしなければ」などと思わないこと。もちろん仲良くなれればそれにこしたことはありませんが、中には「無理な人」がいます。素っ気ない態度を取り続けることで自然と「距離」をつくっていきましょう。それでいいのです。

もろとみ・よしひこ　明治大学文学部教授。教育学博士。日本トランスパーソナル学会会長、日本教育カウンセラー協会理事、日本カウンセリング学会認定カウンセラー会理事、日本生徒指導学会理事。気づきと学びの心理学研究会アウエアネスにおいて年に7回、カウンセリングのワークショップ（体験的研修会）を行っている。教師を支える会代表、現場教師の作戦参謀。臨床心理士、公認心理師、上級教育カウンセラー、ガイダンスカウンセラー、カウンセリング心理士スーパーバイザー、学校心理士スーパーバイザーなどの資格を持つ。単著に『教師が使えるカウンセリングテクニック80』（図書文化社）、『いい教師の条件』（SB新書）、『教師の悩み』（ワニブックスPLUS新書）、『教師の資質』（朝日新書）ほか多数。テレビ・ラジオ出演多数。ホームページ：https://morotomi.net/ を参照。『速解チャート付き 教師とSCのためのカウンセリング・テクニック』全5巻（ぎょうせい）好評販売中。

先生の幸せ研究所代表
学校専門働き方・組織風土改革コンサルタント
澤田真由美

[リレー連載・第1回]

働き方改革への
よくある誤解

働き方改革とは本当はクリエイティブな学校づくりそのものであり、時間の創出と同時に教員は成長し、子どもたちは笑顔になるものです。単なる残業削減だと思われがちですが、学校専門ワークライフバランスコンサルタントとして150校以上の学校の変化を見てきた私からするとそれはもったいない誤解で、学校をアップデートさせる起爆剤になるものです。

「早く帰りましょう」の声かけだけで、結局持ち帰り仕事……という悪循環をたどる学校は多く、世間では働き方改革が当たり前になりつつあるのに、学校現場はむしろ働き方改革アレルギーを起こしていることもあるのが実情です。ヒアリングでは以下のような声をよく聞きます。

「働き方改革は国や教育委員会がすること」

「自分たちにできることはない」

確かに、国や教育委員会ができることは大きく、進めていく必要があります。しかし、実は教育委員会から弊社への相談で近年多いのは、かなり進んでいる自治体からで、「他自治体以上に人員も増やしてICT化も進めてきた。こんなにお金をかけているのに一向に好転しない。どうしたらいいものか」というものです。

そこで、校内で知恵を出し合うボトムアップとトップダウンのバランスの良い業務改善を導入すると、教職員が試行錯誤しながら自ら時間を意識し業務の精選や工夫が進み始め時間が生まれ始めます。例えば、これまで使われていなかったICTシステムを教員同士で教え合いながら使い始めるようになり効率化します。国や教育委員会が作った部活動ガイドラインが守られていないことを自分事として考え始め、守る人が増えていきます。これまで「ビルド＆ビルドで膨らんで疑問だったけれど、言ってもどうせ何も変わらないと思っていた」ことを解決し、時間にも気持ちにもゆとりが生まれ始めます。

教育の質を上げるなら働き方改革は避けては通れない

本来業務である教育の質を上げるためには何が必要でしょうか。子どもと向き合うことでは、という声が聞こえてきそうですが、私はそれには疑問を感じます。無作為に抽出した小学校の校時程表を調べたところ、ほとんどの学校が子どもの在校時間だけで7時間以上でした（例：8時登校開始～15時完全下校等）。部活動がある校種はもっとです。変えるべきなのは子どもと過ごす時間を増やすことではなく、必要なことに必要な時間をかけられるようにすることと、その中身です。

弊社支援先のある学校では、教職員で話し合い、働き方改革の目標を「意味のある時間を増やすこと」としました。目指すのは「子どもとただ長く過ごすこと」や「単なる時短」ではないのです。

実現するために

業務の密度を濃くして意味を感じられないことはやめる／心と時間に必要なゆとりを生み出す／資本である教職員の健康維持／時代に合わせたインプットを私生活で確保する。働き方改革は、こうしたことを実現して学校が抱える課題を解決し、目指すべき姿への精度を上げる取組です。

この連載では、どうしたらそれを各校で実現できるのかを考えます。他の学校でうまくいった取組がうちの学校でもうまくいくとも限らず一筋縄ではいきません。ペーパーレス化というテーマ一つでも、データ共有方法やICT苦手教員へのフォローなどを

さわだ・まゆみ　先生の幸せ研究所代表、学校専門働き方・組織風土改革コンサルタント。青山学院卒業後、約10年間小学校教員として勤務。自然で幸せな世の中を学校から創るため年間200案件以上の学校園の改革を手掛ける。「先生のワクワク」を引き出し、教育の現場をよく理解したコンサルティングに定評がある。令和3年経済産業省「未来の教室」実証事業「教師のわくわくを中心にしたPBL型業務改善」採択。著書は『「幸せ先生」×「お疲れ先生」の習慣』『「幸せ先生」のダンドリ術』（明治図書）、『先生のための仕事革命ワークブック』（学陽書房）他連載等多数。

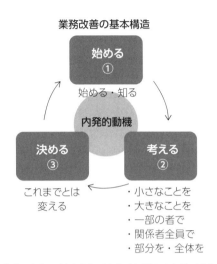

業務改善の基本構造

①「**本当に変える**」気で始められるか？（本当の声を集められるか）
②考えることに「**時間投資**」できるか？（優先して取り組めるか）
③「**変える**」ことを決められるか？（前例踏襲しないという基本姿勢）

【図1】

考える必要があり、それらは学校ごとに実情が違うので、試す⇔修正するといったPDCAサイクルが欠かせません。直線的にうまくいくタイプの取組ではないので、【図1】の3つを回し続けて自分たちなりの働きやすさを模索する必要があります。

分レベルで考え始めることができるようになった。

● 「どうせ進まない」と不満を言ってきたがそうさせていたのは自分かもしれないと気づいた。

● 私たち教師がリスペクトを伴う対話力や、VUCAに対応し得る知恵やスキルを身につけないといけない。

● これまでは自分の範囲内の仕事しか対応せずこの学校のことは後回しだったが、この学校のことを考えつつ行動できるようになった。

● 1つのことに対して一生懸命考えて議論するってとてもおもしろい！と実感できた。

こんな先生たちが増えた学校は自走し始めます。たかが働き方改革、されど働き方改革。学校を進化させる起爆剤になり得るのです。

※経済産業省が唱えるこれからの教師に求められる「新しい専門性」のこと。取組詳細は経済産業省「未来の教室」実証事業「教師のわくわくを中心にした PBL 型業務改善で授業と学校組織の変革につながる／教師の新しい専門性は向上する」https://www.learning-innovation.go.jp/verify/e0122/

● 働き方改革を起爆剤として学校づくりを

　ここでぜひ知っておいてもらいたいのは、働き方改革のプロセスが学校にとって財産となるということです。【図2】のグラフは、働き方改革と教師の資質（※）向上について信州大学荒井准教授と調査した結果ですが、知恵を出し合う働き方改革推進に関わった教職員は資質が向上しました。

　教職員からはこんな声があがりました。

● どうしたら現状を改善できるのか自

推進に関わった者（推進リーダーとメンバー）はそれ以外と比較して資質の向上が見られた
※アンケートによる定量的調査（協力：信州大学 荒井英治郎 准教授）

・「チェンジ・メイカー」指標の「**目的・目標や課題解決のためのアイディアを具体化することができる。**」について、**推進者では事前から事後にかけて数値の向上**が見られた。
・「アクティブラーナー」指標の「**自分が実現したいことを深めるために、具体的なアクションを起こすことができる。**」について、**推進者では事前から事後にかけて数値の向上**が見られた。

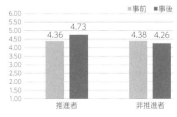

チェンジ・メイカー指標
「目的・目標や課題解決のためのアイディアを具体化することができる。」

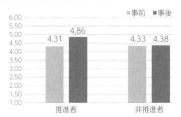

アクティブラーナー指標
「自分が実現したいことを深めるために、具体的なアクションを起こすことができる。」

【図2】

直 言
SDGs×学校経営
～ニューノーマル時代のビジョンと実践～

[第1回]

持続可能な社会は、持続可能な学校づくりから

学校法人湘南学園学園長　住田昌治

　学習指導要領に初めて前文が設けられ、これから
の教育には「持続可能な社会の創り手」を育むこと
が求められていることが明記された。持続可能な社
会の「担い手」ではなく「創り手」となっていると
ころがポイントだ。では持続可能な社会とは？　小
学校6年理科・社会の教科書には、「将来生まれて
くる人々がくらしやすい環境を残しながら、今を生
きる人々も豊かにくらす社会のこと」と記されてい
る。簡単に言うと「だれもが長く快適に暮らしてい
くことができる社会」と言うことができるだろう。

　漠然とした不安や違和感、世界に蔓延する暴力の
連鎖、排他的な自国中心主義、コミュニティの対話
力・多様性受容力・共感力の欠如、非寛容な社会が
広がってきていると感じる現代社会。このような持続
不可能な社会のシステムを引き継いで子どもたちに
担わせるのか？　いや、持続可能な明るく豊かな未
来を創っていく子どもを育みたい。しかし、これから
先、子どもたちが今までと同じように豊かな生活を過
ごせる保証はない。貧困や飢餓、ジェンダー平等、
平和や人権、安全な生活、気候変動、生物多様性、
持続可能な生産と消費、少子高齢化……山積する問
題がもたらす不安は、未来をつくる子どもたちへの負
債となる。今、私たちが目の前の問題に真剣に向き
合わなければ、これからの時代を生きる子どもたちに
すべてのツケを払わせることにもなるのである。

■ 再現のための教育から変容のための
　　教育へ

　そうならないためには、覚えたことをはき出すよ

うな再現のための教育から、自分で考え、自分で問
題解決する変容のための教育への転換が求められ
る。従順に言われたことをこなすだけでは、充実し
た豊かな生活を営めない。批判的な思考力を高め、
すぐに答えを求めるのではなく、急がず、ゆっくり
考えて、多様な考えを尊重し合う学校文化に変えて
いかなければならない。そんな学校の体質改善を行
う時、授業に主体性・多様性が求められているの
に、学校そのものが受け身・画一的で変わろうとし
ないのであれば、ますます体質は悪化する。先生が
変わらなければ、授業も変わらない。それどころ
か、主体性のない、疲れ果てた先生を毎日見続けな
ければならない子どもたちは、こんな大人になりた
くないと思うだろう。「子どもは言うようになるの
ではなく、大人がするようになる」と言われる。特
に長い時間、行動を共にする学校の先生の影響は受
けやすい。

　私たちが日々の生活の中でどんな選択をするか。
これまでの集大成が、今の社会である。これからは
どんな選択をするか、様々な出来事にどう関わるか
で未来が創られる。すべての人が持続可能な社会の
創り手である。「誰一人取り残さない」というのは
「誰一人取り残すことなく、すべての人が自分事と
して取り組む」ということでもあると思う。持続可
能性（サスティナビリティ）を意識した暮らしをし
ていかなければ、持続不可能性が増してきた私たち
の生活を次世代に引き継ぐことになってしまう。そ
うならないように今のうちにやっておいた方がいい
ことを「SDGs」17の目標で示し、その実現に向け
た教育「ESD」を推進していくことが学校現場に

すみた・まさはる　1980年より横浜市立小学校に勤務。2010〜2017年度横浜市立永田台小学校校長。2018〜2021年度横浜市立日枝小学校校長。2022年度より現職。ホールスクールアプローチでESD／SDGsを推進。「円たくん」開発者。ユネスコスクールやESD・SDGsの他、学校組織マネジメント・リーダーシップや働き方等の研修講師・講演や記事執筆を行い、元気な学校づくり、自律自走する教職員集団づくりで知られる。かながわユネスコスクールネットワーク会長、所沢市ESD調査研究協議会指導者、オンラインサロン「エンパワメント」講師、「みらい塾」講師、横浜市身にバスケットボール連盟参与他。単著に、『「カラフルな学校づくり」〜ESD実践と校長マインド〜』（学文社、2019年）、『管理しない校長が、すごい学校組織をつくる！「任せる」マネジメント』（学陽書房、2020年）、共著に、『校長の覚悟』『ポスト・コロナの学校を描く』（ともに教育開発研究所、2020年）、『ポスト・コロナ時代の新しい学校のマネジメント』（学事出版、2020年）。「日本教育新聞」連載他、多くの教育雑誌や新聞等で記事掲載。最新刊／単著『若手が育つ「指示ゼロ」学校づくり』（明治図書出版、2022年）好評販売中。

は求められていると考えている。

　この連載では、各学校において学校経営そのものをSDGsの視点で捉えなおし、持続可能な学校（サスティナブルスクール）をつくるためのスクールリーダーの在り方について考えていきたいと思う。

■ 持続可能な学校をつくる

　さて、持続可能な学校とは、どんな学校だろうか？「誰もが長く快適に過ごせる」学校だとすると、「教職員はずっとこの学校で働きたい」「子どもは毎日学校に行くのが楽しい」「保護者はこの学校に通わせてよかった」「外部の人からはこの学校はいい学校だと言われる」というようなことではないだろうか。私が小学校長を務めた学校は2校だが、1校は「元気な学校」「明るい学校」「行きたくなる学校」「カラフルな学校」と言われた。もう1校は「安心感のある学校」「雰囲気のいい学校」「自由な学校」と言われた。ESD（持続可能な開発のための教育）を基盤として学校経営をしてきたので、周りから見える持続可能な学校は、このような学校と言えるのかもしれない。

　学校全体が持続可能になっていくためには、ここ数年話題になっている教職員の働き方も重要なテーマになる。「元気な学校は、元気な教職員から」「持続可能な学校は、持続可能な教職員の働き方から」である。

　最高のパフォーマンスのために「不眠不休、寝食を忘れて働くのが美徳、長時間労働は当たり前」とする働き方から、「寝食を忘れず、自分で1日の生活をマネジメントする」働き方に変革することが重要だ。旧態依然としたやり方を変えようとしない前例踏襲が学校文化の特徴だが、今まで通りという習慣にとらわれず、「変えることができた」という経験を積むことで自己肯定感・自己有用感も高まる。

　教職員の負担が減って「ゆとり」ができれば、教職員が元気になって教育活動が充実し活性化する。反対意見もあるかもしれないが「教職員が幸せになる」という視点が大切である。子どもは、疲れ果てて元気のない先生ではなく、元気で楽しそうに授業をしてくれる先生を求めている。

　多様性が求められる社会において、ブラックであろうがホワイトであろうが画一的に一色にしようとすることは避けなければならない。私たちが目指すのは、一人一人の個性が尊重され、それぞれの色が輝くカラフルな学校である。持続可能な社会を創っていくためには、一人一人が自分らしさを発揮し、活躍することができる持続可能な学校にしていかなければならない。子どもたちを「可能性に満ちた存在」と信じて成長を見守る教職員のまなざしは、職員室でも職員同士に向けられ、「成長し続ける可能性に満ちた存在」として信じ合うことにつながる。持続可能な社会を実現するために大事なこと、「話そう、聴こう、考えよう、学び合おう、分かち合おう。そして行動に移そう。まず自分から。」

　このテーマでの連載は年間6回になるので、次回からは具体的な取り組みについてお知らせしたいと思う。

〔第1回〕

未来への希望を育てる
「探究」と「協同」

学びの共同体研究会

佐藤雅彰

■ コロナ禍による教室の風景
～「学びのイノベーション」を止めない～

令和2年2月27日、政府が新型コロナウイルスの感染拡大を防ぐために、全国すべての小中高校と特別支援学校に3月2日から春休みに入るまで臨時休校を要請した。それから約2年、教育現場はどう変わったのだろうか。

① 座席は前向きとなり、教師のチョークとトークによる一斉授業へと逆行し、「教え込み」による知識の伝達に陥り、「探究」と低学力層の子どもの学びが保障されていない。

② 高橋智(日本大学教授)が、授業の進み方に関するアンケート調査をした。その結果によれば、「授業の進み方が速すぎて内容がわからない」とする子どもは、小学校19%、中学校35%である(令和2年9月12日「朝日新聞」)。2・3割の子どもが授業の進み方を速すぎると感じ、協同でゆっくりじっくり学ぶという活動的かつ対話的な学びができない状況になっている。

③ 密を避けるために仲間と分断され、自分の考えを仲間に説明する自己説明の機会が減り孤立する子どもが見られる。

④ 国立成育医療研究センターが実施した「コロナ×こどもアンケート調査」の「第6回　調査報告書　ダイジェスト版」によれば、子どもに「学校に行きたくないことはある?」と質問したところ、令和2年9月の調査では31%、令和3年9月の調査では38%が「ある」と回答した。約1年の間にやや増加している。

「学校に行きたくない」の理由は一人ひとり異なるかもしれない。したがって教師が子ども一人ひとりにどう寄り添うかを考えなければならない。

ところが学校において、子どもは教師や仲間と分断され、対話的コミュニケーションを一時的に控えた学びが、子どもたちの学びに向かう気持ちにも影響している。

コロナ禍で、今後も体験的な行事が削減されたり、授業の進め方が制約されたりする可能性がある。こういう時期だからこそ、感染対策をしながらも、すべての子どもたちの学ぶ権利を保障し、子ども同士が分断されることなく誰もが安心して学べる「学びのイノベーション」を止めてはならない。

■ 「学びのイノベーション」と「学びの保障」「学びのデザイン」

佐藤学(東京大学名誉教授)が提唱した「学びの共同体としての学校」が最優先することは、誰一人

として取り残さず、子どもを丸ごと引き受け、等しく学ぶ権利を保障することである。「学びの保障」は新学習指導要領でも重視している。

佐藤学はさらに「教師が一方的に教える理解中心の一斉授業」を「子どもが中心の探究と協同がある『活動的で協同的で反省的な学び』」という「学びのイノベーション」を求める。イノベーションは改善ではなく革新である。そのキーワードは、「学びのデザイン」「真正の学び」「ジャンプのある学び」と「聴き合う関係」である。

（1） 学びのデザイン（学習過程）

今までの「導入－展開－終末－振り返り」を、「導入―共有－ジャンプ―振り返り」というデザインにした。このデザインには二つの授業の捉え方がある。

導入－展開－終末－振り返り

↓

導入－共有－ジャンプ－振り返り

図　学びのデザイン

① 授業の前半「共有」―授業の後半「ジャンプ」

授業の前半の「共有」は、教科書教材をもとに知識基礎を習得・理解する過程である。特に「共有」過程で大事にしたいことは、知識基礎の習得だけでなく、すべての子どもが学びに参加できること、一人では問題解決できない子どもが仲間の支えで「できる」ようになること、低学力層の底上げなどである。

後半のジャンプは、習得・理解したつもりの知識をより確実なものにするため教科書以外の教材

で探究する学びである。課題は教科書レベルよりもやや高めにする。その方が子どもは夢中になって探究し、ごく自然に協同が生まれる。**算数・数学**はこの形式が多い。

② 教科書教材をもとにジャンプのある深い学び

教科書教材をもとに教科の本質に即した「真正の学び」を追求する。教師の課題の工夫によって教育内容をより深く学ぶことになる。次は「真正の学び」の例である。

ア　文学教材で学ぶとき

物語文の言葉にこだわって読みを深める。その際、テキストに何度も戻りながら自分なりの読みを言葉からイメージし、仲間の読みとすり合わせることで多様な読みを学ぶことになる。読みを深める学びは言葉に対する感性を豊かにし、心を豊かにする。

イ　保健体育でリレー競技を種目にしたとき

リレー競技のねらいは「バトンを上手に渡す」ことではない。「バトンゾーン内で走者の速さをそろえる」である。そこで、授業の前半は固定したメンバーで速さをそろえると記録が伸びることを知り、授業の後半はメンバーを自由に変えても記録が伸びることに挑戦する。

ウ　理科で実験をしたとき

従来通り授業の前半で実験をする。目に見える現象を丁寧に観察し問いを見出し、後半は目に見えない現象を科学的モデルなどで可視化し、実験結果を解釈する。

エ　歴史を学ぶとき

単に「誰が、何々をした」を暗記することではない。過去の事実を史料や出来事同士を時系列的に結びつけながら探究する。たとえばイギリスは積極的にEU結成に参加しながら令和2

（2020）年に脱退した。結成と脱退について史料等をもとに事実を探究しながら学び方を学ぶことである。

　ジョセフ・シュワブは「教室は探究について探究する場となるべきだ」（『科学の教授』）と言及する。けれど事実や現象の探究に当たって、教師自身が学問世界ではどのような探究が行われているのか、CiNii（サイニィ）などで調査することがない。残念である。

オ　数学を学ぶとき
　授業の前半で数や図形の性質を見出したり知識基礎を習得したりする。後半で見出したことを多様な見方や考え方で論理的に説明したり、知識基礎を活用して問題を解法したりする。

「協同的な学び」（ペア・グループ活動）と「聴き合う関係」の構築

（1）ペア・グループで学ぶ意味

　学ぶということは、子どもたちが自己の可能性に向かって、能動的に「人（他者）」や「モノ（教材・道具・言葉）」と関わるなかで、知らなかったことを知り、自分一人では解決できないことが「できる」ようになることである。

　子どもは幼いときから、できるようになりたいとか、わかるようになりたいという気持ちをもっている。困ったとき、何がわからないかを明確にしたうえで教師や仲間に相談することで解決できる。

　そのためには、目に見える形の「共同体」という「協同（ペア・グループ活動）」が必要となる。

（2）ペア・グループ活動には二つのねらいがある

①　一つは、「困ったとき仲間に相談して解決する」ということである。「できない・わからないこと」が、仲間に依存することで「できる・わかる」ようになる。

②　二つは、「個と個の考えをすり合わせ、自分の考えを再構成する」ということである。思考は独りでもできるが、自分なりに正しいと考えていても、「協同」で議論したり調査したり熟考したりする方がより多くのことを学ぶことができる。こうした聴き合う関係が子どもと子どものあいだに「信頼」と「笑顔」を生み出し、意味と関係の編み直しにつながる。

　ところが、今までの一斉授業は、教師の発問に一部の子どもが反応し授業が前に進んでしまう。その中で自信のない子どもは沈黙する。すべての子どもが学びの主人公になるための一つの手段として、ペア・グループ活動がある。

　写真1は中学校3年生が数学の練習問題を解く場面である。

　手前の二人は「わからない、教えて！」に仲間が真摯に対応している。互いに支え合う「互恵的な学び」は、自分と仲間の「わからない」に責任をもつ

写真1

さとう・まさあき　東京理科大学卒。静岡県富士市立広見小学校長、同市立岳陽中学校長を歴任。現在は、学びの共同体研究会スーパーバイザーとして、国内各地の小・中学校、ベトナム、インドネシア、タイ等で授業と授業研究の指導にあたっている。主な著書に、『公立中学校の挑戦―授業を変える学校が変わる 富士市立岳陽中学校の実践』『中学校における対話と協同―「学びの共同体」の実践―』『子どもと教師の事実から学ぶ―「学びの共同体」の学校改革と省察―』（いずれも、ぎょうせい）など。

ことになる。

　一方、向かい側の女子は一人で黙々と問題を解いている。グループ活動であっても学びは独りで学ぶことが基本である。必要なときに仲間に相談したり個々の考えをすり合わせたりするが、最終的には一人ひとりが意味を構成することである。写真のグループ活動は、二つのねらいが同時に起きている。

（3）グループ活動の誤解

　教師の多くは、グループ活動を「協力し合って意見をまとめる」ことだと思っている。だから教師は「○○さん、グループの代表で発表してください」と言うことになる。これは「協同」（ペア・グループ活動）の誤解である。

　グループで意見をまとめたり一番いい意見を選択したりする学びは「協力学習」であって「協同的な学び」とは言えない。「協力学習」に終始する活動では未知の事柄を探究する学び合いに結実しない。むしろ学力格差を拡大する危惧がある。ペア・グループ活動は話し合いではない。学び合いである。

　「学び合い」とは、未知の事柄の探究である。

■「学びのイノベーション」は、まず「座席」から

　子どもが学びの主人公になるためには、子ども同士の対話的なコミュニケーションが重要である。学びのイノベーションは、まず座席配置から始まる。

　子どもたちが互いの発言を耳と目と心で聴き合う。それが対話の基礎であり「信頼関係」を創出する。そこで小学校低学年は**写真2**のように「コの字型」で学び合うことにする。

　また、小学校3年生以上は**写真3**のような男女混

写真2

写真3

合4人組で、市松模様（対角線に同性が座る）の席にする。その理由は男女の壁を越え自由に語る場にしたかったからである。

　子どもの学びと育ちには、教師の学びと育ちが必要である。かつて毛涯章平（元長野県豊丘村教育長）に「教師の力以上には、子どもは伸びない。精進を怠るな」と言われた。教師の力とは、教科の専門性であり、子どもの見取りと対応である。こうした力量を育むために実践事例などを通して学ぶ必要がある。次回から「授業をどう捉えるか、どう見るか」など実践事例をもとに読者と一緒に学びたいと思う。

『生徒指導提要』はどのように変わるのか

　生徒指導に関する学校・教職員向けの基本書として文部科学省が発行している『生徒指導提要』が、12年ぶりに改訂される。今年3月に公表された新生徒指導提要の改訂試案は、現行の生徒指導提要からだいぶトーンが変わり、内容もかなり具体的で実用的になった。大学の教職課程で生徒指導について教えている私の立場からは、今夏に公開される新しい生徒指導提要は、教員志望者や若手教員であっても日々の実践への活かし方をイメージしやすいものになるのではないかと期待している。

　連載の初回となる今回は、新生徒指導提要が現行のものからどのように変わるのかについて、改訂試案をもとにその大きなポイントを二つ紹介したい。

「支援」としての生徒指導へ

　一つ目のポイントは、生徒指導の定義が変わるということである。

> ［現行］生徒指導とは、一人一人の児童生徒の人格を尊重し、個性の伸長を図りながら、社会的資質や行動力を高めることを目指して行われる教育活動のことです。（p.1）
> ↓
> ［改訂試案］生徒指導とは、学校教育の目的である、「社会の中で自分らしく生きることができる存在へと児童生徒が、自発的・主体的に成長や発達する過程を支える意図でなされる教職員の働きかけ」の総称です。（p.14）

　改訂試案では、生徒指導の定義が二つの意味で大きく変わった。第一に、定義がわかりやすくなっ

た。現行の生徒指導提要では、定義に「社会的資質」や「行動力」といった抽象的な単語が複数含まれており、どのような行為が生徒指導にあたるのかがイメージしにくかった。しかし改訂試案の定義では、「」内は意味を捉えやすい単語のみで構成されているため、生徒指導の大まかなイメージが理解しやすくなった。

　第二に、「支える」という単語が定義に含まれるようになった。改訂試案には他にも、「指導よりも援助や支援と呼ぶほうがふさわしいような働きかけが中心になります」（p.15）という記述もあり、生徒指導は「支援」として行われるべきだということが強調されている。教職員は子どもたちを成長・発達「させる」のではなく、子どもたちが自ら成長・発達していこうとする存在であることを信頼し、その成長・発達の道筋を「支える」存在なのだという立場を、改訂試案からは読み取ることができる。

　こうした変化の背景には、「児童の権利に関する条約」（子どもの権利条約）の影響があると考えられる。改訂試案では、児童の権利に関する条約についての記述が新たに登場し、生徒指導を行う上では「差別の禁止」「児童の最善の利益」「生命・生存・発達に対する権利」「意見を表明する権利」の四つの原則を理解しておくことが大切だと述べられている。これらの原則を踏まえて、子どもたちの最善の利益を追求し、生存や発達を最大限確保しようとし、本人の意見を考慮しようとすると、生徒指導は必然的に、子どもたちの成長・発達に関する思いを

東京学芸大学准教授
伊藤秀樹

●Profile●

いとう・ひでき　東京都小平市出身。東京大学大学院教育学研究科博士課程単位取得退学、博士（教育学）。専門は教育社会学・生徒指導論。不登校・学業不振・非行などの背景があり学校生活・社会生活の中でさまざまな困難に直面する子どもへの、教育支援・自立支援のあり方について研究を行ってきた。勤務校では小学校教員を目指す学生向けに教職課程の生徒指導・進路指導の講義を行っている。著書に『高等専修学校における適応と進路』（東信堂）、共編著に『生徒指導・進路指導——理論と方法　第二版』（学文社）など。

くみ取り、それを支えようとする関わりになるはずである。

これまでの生徒指導には、本来の定義とは異なるが、問題行動をとる子どもの「統制」というイメージをもたれることも多かった。改訂試案には、そうした生徒指導のイメージを脱却し、子どもの人権を尊重した生徒指導へと変わっていこうとする決意がこめられていると感じた。

個別の課題についての記述が増加

二つ目のポイントは、いじめ・暴力行為・不登校をはじめとした個別の課題に対する生徒指導についての記述が、大幅に増加するということである。

現行の生徒指導提要では、個別の課題に対する生徒指導に割かれているページは42ページであり、本文全体（240ページ）の17.5%にすぎなかった。しかし改訂試案では、個別の課題に対する生徒指導に割かれているページは147ページにわたり、本文全体（237ページ）の62.0%を占めている。内容についても、各課題についての記述が充実するとともに、改訂試案では新たに、SNSや性の多様性、精神疾患、健康問題、子どもの貧困、ヤングケアラーなども取り上げられている。

特筆すべきは、各課題についての記述が構造化されて、教職員がどの段階で何をすべきかがわかりやすくなったということである。改訂試案では「発達支持的生徒指導」「課題予防的生徒指導」「課題解決的生徒指導」という生徒指導の３類型が示されており、多くの課題ではその３類型ごとに何をすべきかが詳しく記載されている。

例として、自殺についての章では、「課題予防的

生徒指導」として自殺予防教育が挙げられ、自殺に至る心理やその予防のための方向性が詳しく記されている。自殺は、直接のきっかけを原因として捉えがちだが、重要なのはその手前にある心の危機（「強い孤立感」「無価値感」「怒りの感情」など）の高まりに目を向けることであるという。そして、心の健康についての正しい知識と理解を持ち、困ったときに人に相談する援助希求的な態度がとれるようになるための授業や、その土台となる安心・安全な学校環境づくりなどの必要性が、ポイントとともに示されている。

こうした工夫によって、新生徒指導提要は、ある個別の課題への生徒指導に取り組みたい（あるいは取り組まなければならない）教職員が日々の実践に活かしやすいものになると予想される。一方で、個人的に残念であったのは、現行の生徒指導提要には含まれていた教育相談の基本的な進め方についての内容が大幅に削られてしまったことである。現行の生徒指導提要では、面談の際に用いることができるカウンセリングの技法や、呼出し面接の留意点、保護者面接の進め方など、いかなる課題に対する生徒指導であっても必ず押さえておきたい留意点が数多く述べられていた。子どもや保護者と面談を行う際には、新生徒指導提要で示される個別の課題に対する生徒指導の方法に加えて、現行の生徒指導提要で示されている教育相談の基本的な進め方にも目を通しておくと、より充実した生徒指導につながるのではないだろうか。

生活科・総合的な学習の時間 育まれる大観パワー

兵庫県明石市立大観小学校

校舎からは、南に播磨灘、西に明石川、北に明石公園が見える。校庭のふれあいの森には、野鳥が飛来する。日本最古の「石造り灯台」がある港として栄え、淡路島を望む、万葉歌人、源氏物語、平清盛、宮本武蔵ゆかりのまちである。岩屋神社の「おしゃたか舟神事」は、明石無形文化財であり、明石焼きや鯛めしで有名な"明石ダコ・明石鯛"など海の恵みは、明石浦漁協で生きたままセリにかけられ「魚の棚」や全国へ運ばれる。また、兵庫海苔の生産は全国2位、明石浦海苔の品質は兵庫一である。中核市明石の大観小学校は、JR明石駅に近い「新しいまち」と、高齢化でも昔のよさが残る「海のまち」が共存するまちにある。

地域の材の体系的なつながりがあるカリキュラム

図1は、地域にある人・もの・ことを教材として活用した体系的なカリキュラムである。大観のまちにある自然、歴史、産業を大きな柱にして、6年間の物語として作成したものである。まちのことを知

6年	★見つめ 深める 大観の「ひと もの こと」 ～昔 今 未来～	歴史とのかかわり （まちの人々の生き方）
5年		海とのかかわり （祭り・漁業：海苔）
4年	★関わり 広げる 大観のまちの魅力発見	スクールガードから 広がるまちの宝（福祉）
3年		野鳥から広がるまちの宝 （自然）
2年	★親しむ	大観のまちや人 など
1年		学校・公園 など

図1 「ふるさと・大観のまちのよさ発見」カリキュラム

る専門家やまちの人々の思いや願いに触れる機会は、とても貴重である。また、児童の思考の流れに沿う適切な時期に「本物との出あい」を設定することは、児童の学びの大きな原動力になっている。身近な大観のまちをフィールドにして培った児童の資質・能力は、今後、新たに児童一人一人が直面する固有で多様な現実の問題にも、対応可能な力となると考えている。

ふるさと大観のまちをカリキュラム化するために、教師のフィールドワークを大切にしてきている。カリキュラムづくりには、フットワーク、ネットワーク、そしてチームワークという3つのワークが求められる。この3つのワークを生かした活動が教師のフィールドワークである。教師自身が自分で歩き、観察し、大観のまちの「人・もの・こと」を知る。この散策の積み重ねが、単元の開発や、学年間の単元のつながりを見ることに役立っている。

教師のフィールドワーク

体験を軸にした伝え合い

次頁の表は、軸となる「体験」を学習場面に照らし合わせて、「出あう」「ためす」「伝える」の重視すべきカテゴリーに分類したものである。このよう

に整理することで、教師自身が体験のイメージを明確にもつことができる。

出あう	・本や図鑑からの資料　・インターネットからの資料　・現地取材
ためす	・試行錯誤　・疑似体験（ごっこあそびを含む）
伝える	【対象】・友達、家族、地域の人、お世話になった人など 【方法】・作文、新聞、ポスター、本、チラシ、劇、紙芝居、発表会

　本校児童に育みたい「問題を見出し解決する力」及び「対人関係を調整する力」を向上させるためには、「体験を軸に伝え合い、個々の思考を深めること（学び合い）」が重要だと考える。また、体験後に、他者と共感したり、納得したりできる場を設定し、児童一人一人の中に体験が価値あるものとして積み上げられるようにする。

探究的な単元構想の実現へ

（1）探究的な単元構想

　児童に育むべき資質・能力、学習活動や具体的な対象等の視点から、学習材が児童にどのような意味や価値があるものなのかを分析して単元を構想するようにしている。児童が対象となる「人・もの・こと」に直接触れて関わり合い、試行錯誤できる時間や場を十分に確保する等、児童が探究的に学べる内容や活動を構想内に位置付けるようにしている。

（2）探究的な学習過程

　図2は本校の探究的な学習過程のモデルである。

（課題の設定）（情報の収集）　　（整理・分析）　　（まとめ・表現）

図2　探究的な学習過程のモデル

「つかむ（課題との出あい）」「もとめる（**体験**）」「広げる・深める（**整理・分析**）」「もとめる（**体験**）」「まとめる（振り返り）」という5つの段階である。そして、「体験→整理・分析→体験」という流れを重要視している。児童達は、体験からの気付きや疑問をもとに学び合い、その結果、さらなる体験へとつなぐことで、気付きの質を高め、関わる対象を深く理解することができる。

具体的な児童の姿
（5年「大観の海伝之隊〜明石海苔を広めよう〜」の実践より）

（1）個人探究に向かうための出あい

　「つかむ」段階では、社会科での明石浦漁港見学をしたことを想起し、明石浦漁業協同組合の売上額の7割が明石海苔であるが、明石鯛や明石ダコと比べると認知度は低く、明石浦漁協の方々の明石海苔を広めていきたいという思いを聞いたことを確認した。そして、自分達も広めていく活動を手伝いたいということから、単元名を「明石海苔を広めよう」と設定した。

　また、明石市役所の方から明石海苔の概要や特長について話を聞いたり、実際に明石海苔と他の地域の海苔を食べ比べたりした。明石海苔は、他の地域と作られ方が違うため、歯ごたえがある食感と香りがよいというのが特長である。他の地域と食べ比べをしたことで、児童はその違いを実際に感じることができた。また、明石海苔を広めるアイディアを出し合った。ポスターやチラシを作って配る、YouTubeなどの動画にあげるなどのアイディアを出し合ったことで、広めるという活動についてのイメージを具体化するための大切な場になった。

　最後に、1月末に明石市が開催している明石海苔祭りへの参加をしないかと誘っていただき、単元のゴールを明石海苔祭りに設定した。自分達にもでき

市役所の方とのオリエンテーション

そう、やってみたいと児童達の意識を高めること、具体的なゴールへの見通しがもてたことから、個人探究につながった。

（2）本気で個人探究していく姿

「もとめる」段階では、まず個人探究を本やインターネットを中心に進めた。しかし、思っているような情報を得られないこともあり、児童達の「こんな人から話を聞きたい」「こんな場所を見てみたい」という思いをもとに2つの体験を取り入れた。

① 海苔の加工会社の方に話を聞く体験

海苔の加工会社の方からは、海苔に含まれている成分が優れているため、食材として優れていることを聞いた。また、1枚の海苔を加工するために、安全に作られていることを知った。海苔の成分を利用して作られた他の食べ物を食べる体験もしたことで、海苔の可能性をたくさんの児童達が考えるきっかけとなった。

② 海苔の工場の見学

海苔の工場見学では、海で種付けをする所から1枚の海苔になるまでに、たくさんの手間や時間をかけて作られていることを知った。また、漁師さん達が明石海苔に対して誇りをもっていること、たくさんの人に知って食べてもらいたいという思いをもっていることを知った。児童達も体験したことや調べ

学習を通して、明石海苔をどんどん好きになり、たくさんの人に知ってほしいという思いを高めていった。自分達が住んでいる大観のまちにこんなに素晴らしい物があることを誇りに思う児童も出てきた。そんな時、児童からは「こんなにおいしくて、栄養価も高く優れているにもかかわらず、どうして明石海苔が広まっていかないのだろう」という疑問が生まれた。「広げる・深める①」段階での伝え合いの時間を設定することにつながった。

（3）伝え合いから次の探究へ

「広げる・深める①」段階では、明石海苔があまり知られていない原因を考え、それに対して自分達がどんな取組ができるのかを考えた。個人の探究を通して、それぞれが本気で明石海苔が素晴らしい食材であることを伝えたいという思いをもっていたため、活発な意見の交換をすることができた。明石海苔祭りで、明石海苔の良さ・魅力を伝えることで明石海苔のことをたくさんのことを知ってもらえると考えた。児童達の探究から生まれた課題であったため、それぞれが自分事として考えることができたことはとても有意義な時間であった。

この伝え合いから、次の「もとめる②」段階で明石海苔祭りに向けて、どんなことを伝えていくのか、明石海苔祭りに向けての準備をしていくという個人探究に戻った。「広げる・深める」段階を通して、次の活動の見通しがもてたことから、より本気で取り組んでいく児童達の姿が見られた。

（4）明石海苔祭りとその後

海苔祭りで配るチラシやリーフレットを作成したり、本当に海苔の認知度が低いのかを確かめるためにアンケートを取りに行ったりするなど、それぞれで活動した結果を1枚のパネルにまとめた。海苔祭りでは、多くの人が来られている中、児童が作成した物は全て配布したり、作ったパネルを展示したり

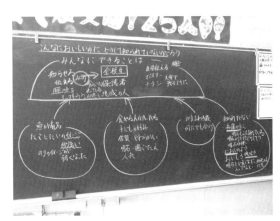
「広げる・深める」段階の板書の一部

海苔祭りで活動している様子

することができた。また、実際に来ている人に明石海苔についてのアンケート取り、知らなかった人には自分達が学習したことを伝えていた。

当初、目指していた明石海苔祭りに参加した後も、児童からはさらに広める活動を続けたいという声が上がった。自分達で海苔祭りを学校内と、「魚の棚」という明石駅の近くにある商店街でする計画を立てて、準備を進めていた。新型コロナウイルスによる突然の休校になったことから実行することができないまま終わりを迎えたが、自分達で「やりた

い」と進めた広める活動に対しては、明石海苔祭りに向けての活動より、さらに主体的に意欲的に活動する本気の姿が見られた。児童達の探究する気持ちは終わっておらず、さらに次の課題へと進んでいったということである。本実践は、自分達の住む「大観のまち」を誇りに思う気持ちや「大観のまち」にある明石海苔が大好きという思いが高まり、郷土愛や社会参画につながった。

（主幹教諭　松本創／元教諭　鍵本祐輝）

Adviser's Eye 👀

安田女子大学客員教授　**朝倉　淳**

明石市立大観小学校の生活科、総合的な学習の時間は、地域で展開し、世界へとつながっている。地域というそれぞれの生活の場で学びながらグローバルな課題に取り組む資質・能力が育っているのである。

◆「地域研究」に基づくカリキュラム

地域には多様な事象があり、それらは教材・学習材としての可能性をもつ。地域の事象は、体験を通して諸感覚を使い直接捉えることができ、実際に参画することができる。多様な事象はそれぞれ独立しているわけではなく、相互に関連し、地域を超えて世界規模でつながっている。地域のこのような姿を捉えておくことは、生活科、総合的な学習の時間の実践に欠かせない。それは「地域研究」である。

ただ、教師が一人でそれを行うことは困難である。大観小学校では、フィールドワークを核とした地域研究を、組織的、計画的に行い、それに基づいて学校のカリキュラムをデザインしている。大観小学校にはよい教材がたくさんあるように見

えるが、それは学校組織として行っている地域研究や教材開発の結果なのである。協働的で継続的な地域研究に基づくカリキュラムデザインが、子どもたちの深い学びを実現している。

◆出あいでスタートし、関心や意欲の高まりでオープンエンドとなる単元

大観小学校では、探究的な学習過程を地域の事象との出あいから始めている。「つかむ」段階として位置付けており、いわゆる「課題の設定」にあたる。この出あいの仕掛けに教師の意図や指導性が発揮されている。出あいによって生まれた関心や意欲が、学習の展開にあわせて高まっていき、その高まりのまま単元の終末を迎えるところが特徴的である。

単元の終末が「早く終えたい」「二度としたくない」では、生涯にわたり学び続けることにはつながらないであろう。単元のゴールと位置付けた「明石海苔祭り」の後にも、新たな活動を進めようとした子どもたちの本気の姿に、この実践事例の大きな成果を確認することができる。

全員が活躍できる、仕組みのある授業づくり

セルフ授業で見せた本物の姿

「先生が居なくてもばっちり授業ができました」

「時間内に最後まで終わったよ」

他学年の研究授業を参観後、自分の学級に戻ると、複数の児童が発した。学習リーダーの児童を中心に、社会科の授業を終え、教室の黒板や児童のノートには、学びの足跡がしっかりと残されていた。教員が誰もいない1時間、教員に頼らず自分たちだけで授業を最後までやり終えた児童の顔は、充実感と自信に溢れていた。教員が居なくても学びを進めることができる、そんな学び方を身に付けた児童の姿を、担任として頼もしく、そして、その成長を心から嬉しく思う。

セルフ授業とは、教員がいなくても、児童たちだ

けで課題解決を図りながら進める授業のことである。教員がいないため、授業の司会進行だけでなく、板書も、タイムマネージメントも全て児童自身が行う。

セルフ授業を行えるようになることは、児童にとって教員に頼らず自分たちだけで授業を進める力が身に付いていることになる。その力は、社会の在り様が大きく変化し予測困難な時代になるといわれるこれからの社会、そのスピードの中で、変化を前向きに受け止め、人間ならではの感性を豊かに働かせ、より社会や人生を豊かなものにしていくことにつながる。児童自身が学校で学ぶことは、社会と切り離されたものではないとも言われている。教員に頼らず自分たちだけで行うセルフ授業によって、場面や時間等、複数の状況を判断しながら司会・進行する力や互いの意見を尊重しながら対話する力、意見や考えを集約・整理する力等々、普段の授業だけでは育成することが難しい、これから生きていくために必要な資質・能力を育むことができると考えている。

学校では、「何を学ぶのか」だけでなく、「どのように学ぶのか」を重視した授業改善が求められている。このセルフ授業は、その資質・能力育成に向けた大きなアプローチである。

本校でこのような授業が行えるようになってきたのは、言うまでもなく、これまでの学校全体、組織としての取組があったからだ。そこで、本校でのこれまでの授業づくりの取組をいくつか紹介する。

「学習過程スタンダード」に基づく授業づくりとその進化

本校では、平成25年度より、西留安雄氏を講師に迎え、「学習過程スタンダード」をベースとした授業改善に学校全体で取り組んでいる。課題設定・

高知県越知町立越知小学校教諭
中澤小夜

見通し・自力解決・ペアやグループ学習・全体学習・考察・まとめ・ふり返りと各教科・各学年の授業の流れを統一し、授業で使うグッズやキーワード、各教科の板書の仕方、ノートの書き方なども統一することにより、児童は学年が変わっても、担任が替わっても学び方は変わらない。そのため、学年が上がるにつれ、教員に頼らなくても、各教科の学習リーダーを中心に授業の流し方やタイムマネージメント、話し合いの仕方など、授業での学び方を自然と身に付けていく。

また、自力解決でのぶらぶらタイムやペア・グループ学習、考察などの場面には、児童は友達の意見をノートにメモし、自分の考えに取り入れる姿が自然と授業の中で見られる。これは、学びの中で児童自身がメモをすることが定着し、当たり前になっているからだ。

授業や児童の実態をふまえ、求められる資質・能力の育成を目指し、スピーディーに授業改善も進めている。見通しの立て方、学び合いの仕方、ICTの活用など、授業のバリエーションが増えていく。しかし、児童はベースとなる学び方を身に付けているため対応することができている。

全校授業づくり集会

本校では、毎年、年度始めのスタートにあたり、全校で学習の流れを確認するために、「授業づくり集会」を行っている。この集会では、新着任の先生方だけでなく、各担任・教員等をはじめ、入学して間もない1年生から6年生までの全ての児童が体育館に集まり、代表の学年・学級の授業を参観する。集会の進行・授業の説明も全て児童が行う。年度始

子どもが創る授業Ⅲ

めのこの時期にこの集会を行うことで、全教職員と児童とが共通の意識をもって授業づくりをスタートさせることができている。集会の中で、参観する児童は、メモを取りながら自分たちの授業に取り入れられることなどを考えていく。

学びの手引書「ま～・ナビ」の活用

児童が教員の力を借りず、自分たちで学習を進められるよう、学びの手引書「ま～・ナビ」を作成し、活用している。令和2年度に本校の教員が作成したもので、各教科の学習の進め方やノートの書き方、話し合いの仕方、学び合いで使うことば……等々、学びの中で児童がつまずいたり、困ったりした時、すぐに解決することができるように作成した冊子である。児童と教員が活用できるよう、全ての教員・児童に配付している。

授業の見通しをもたせる工夫

学び合いを身に付けたものの、課題はタイムマネージメントであった。その課題を解決するために

は、一単位時間の流れだけでなく、単元としてのねらいやゴールを児童と共有することがその方策になると考えた。特に、国語科や社会科での単元計画を教室に掲示するだけでなく、児童のノートにも貼り、共有することで、児童と教員とが協働者として、学びに向かえるようになった。

学習リーダーの活用

本校では、ほとんどの学年・学級・教科で学習リーダーを活用している。役割として、授業の進行、話し合いの司会、タイムキーパー等がある。教科ごとに輪番制にしたり、その日の日直が行ったりと、全児童が学習リーダーとして活躍できるようにしている。また、学習リーダーの手引を準備することで、誰もが進行しやすくしている。学年が上がるにつれ、手引がなくても状況を判断したり、話し合い方を工夫したりしながら進行し、45分の時間内に授業が終わるように時計を見ながら調整をしたりするリーダーの姿が見られるようになってきている。

授業づくりの児童参画

本校では、授業づくりに積極的に児童が参画できる機会を意図的に仕組んでいる。1つ目は、研究授業後に行われる「児童・先生ミニ協議会」による、授業のふり返り活動である。授業を終えた直後、多くの先生方が参観する中、自分たちで自分たちの授業をふり返る。「授業のよかったところ」や「もっとこうしたらいいと思うこと」「学習リーダーのよかったところ」を出し合い、「次の授業づくりに生かしたいこと」を整理していく。教員が伝えたい内容が、児童自らの課題として語られる場になり、こ

ちらもハッとさせられることが多くある。また、参観していた先生からも評価をしてもらっている。多くの学校の研究授業では、授業者の教員と参観していた教員とで事後研を行う。しかし、本校では、こうした授業のふり返りを児童とともに行うことで、児童自身に「自分たちで授業をつくっている」という意識が生まれ、児童自身から「さらによりよい授業にしたい」という声が聞かれている。

2つ目は、ノート展覧会・ノートコンクールの実施である。この取組は、日々の授業における友達の学習ノートを児童同士が見合うことを通して、学習の内容や自分の考える道筋、またそれらの工夫をどのように書けばよいのかの見通しをもち、自己の考えを表現できる主体的なノート作りができるようになることを目指し、月に2回程度実施している。児童全員が1年に1回は展覧会・コンクールのいずれかにエントリーできることを目指し、学校全体で取組を進めている。また、児童がノートを審査するノート委員を行うことで、日々の学校生活に根付かせ自分ごととしての取組につなげることもできている。

成果と今後の展望

以上のように、本校では、「授業は児童が創る」、教員は「コーディネート」役、また児童の考えを「引き出す役割」であるという考えの下、児童・教員が一丸となって授業づくりや様々な取組を行ってきた。冒頭のようなセルフ授業で見せた児童の姿から、本校での取組により、教員に頼らず自分たちだけで学ぶ力が、着実に児童に身に付いていると実感している。教科が変わっても、担任が変わっても、学年が変わっても、「何を学ぶか」ではなく、「どのように学ぶのか」、今求められている力をどのように身に付けていくのかを考え、実践を積み重ねてい

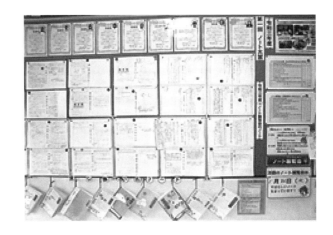

る。児童自身が学び方を学習課題に応じて取捨選択し、進行し、その判断を児童自ら決定していく場のある学びが多くの学年ででき、日々の学習から児童自らがセルフでの授業ができるようになってきたことは大きな成果であると感じている。

しかし、このような児童中心の学び合いを行うためには、教員の教材研究や効果的な支援が必要である（つまり黒子である）。これからも、日々児童の様子や状況、つぶやきなどに寄り添い、課題を的確に捉え、学校としてスピーディーな改善を図っていきながら、求められる資質・能力の育成を目指したい。

子どもが創る授業Ⅲ

寸評Good&More

メモを取る習慣

高知県７市町村教育委員会授業改善アドバイザー
西留安雄

メモを取ることを指導しているだろうか

　職員の中にメモを取らない教師がいた。びっくりすることだ。そのため、うっかりミスが多かった。単なる面倒でメモを取らないのかなと考えていたがそうではなかった。覚えることが学びだと考えてきた教師の風潮が根底にあったと思う。担任の教師がメモを取ることを指導していなかったので、子どもたちに「メモをする癖」はついていなかった。そこで、学校全体で意識して子どもにメモを取らせるよう指導を行った。その際、子どもたちに具体的な「メモの仕方」を実体験させるようにした。

教科書にも指導の時間がある。〜メモの取り方を工夫して聞こう　小４国語〜

学習課題　話の組み立て方を捉えながら聞き、メモの取り方を工夫する。

指導計画　①話の組み立てを捉えて大事なところをメモする。質問して必要な情報を補うという学習課題を設定する。②メモの取り方の工夫や質問の仕方について考える。③メモの取り方を聞き、分からないことを質問する。④話の組み立てや事柄どうしの関係を捉え、メモを生かしながら学習を振り返る。

　以上は、小４の国語での「メモの取り方」の指導計画だ。小学校の教師は、この内容を知っていると思う。だが、中学校や高等学校の教師の多くは知らない。ここに課題がある。中学校や高等学校の教師は、生徒にワークシートを配布し自分の考えを書かせることが多い。そこには学習の解答を記入することが多く、実生活につながるようなメモの取り方にはつながっていないと思う。

　そこで、校種や教科を越えて、「メモを取る習慣」を子どもたちに身に付かせることが大切だ。例えば、「話の組み立てを捉えながら聞く」ことを指導する。その際、「まず」「次に」「最後に」など、順序を表す言葉や、「なぜかと言うと」という理由を表す言葉に着目させる。その内容を箇条書きにし、矢印などの記号を使い整理できるように指導をする。正しいメモ書きができているかどうかを競う「メモ展覧会」も効果的である。

高知県O小学校の「メモの取り方」指導

　O小学校の国語の「メモの取り方」が参考になる。子どもたちは、それぞれが自力解決で自分の考えをノートや短冊等に書く。ペアや班学習で情報交換の形式で「友達の考え」をまず知る。その後、ノートに自分の考えの加除訂正を行う。２つの班（８人）が合流し、ゼミナール形式の少人数で考察を行う。それからが、「メモタイム」だ。ワールドカフェ形式で違うゼミナール班の所に行き、自分では気付かなかったことをノートにメモをする。ワールドカフェであるので、違う班に自分の考えを書くことも並行して行う。それから最初のゼミナール班に戻り、メモをしたこと（自分たちで気付かなかったこと）をもとに再度、課題解決のための議論を行う。その後は、考えを数枚の短冊に記入し、黒板やパソコンの画面等で意見集約を図る。最終的に、学級全体の総意としてまとめていく。子どもたちがメモをすることをいとわないので学習はスムーズにいっている。すでに社会の中で生きるための方法を身に付けているようだ。

教師のメモを見せる

　子どもがメモの効果を実感できれば、メモの大切さを知ることができる。幸い教師の多くは、メモを取る習慣があるので、子どもに教師のメモを見せる方法も考えられる。それには、子どもたちに「よいメモの手本は先生だ」と思わせるように教師のメモ力の向上も重要だ。また、子どもたち同士も自然体で「メモした？」とお互いに言えるようにしておきたい。生徒指導３機能の一つである「共感的な人間関係を育む」ことと連動し、肯定的な教師や子ども同士の関わりを大切にすることにつながると思う。記録することは、記憶をすることより勝ることを大事にしたい。

授業備品（No.181）

「授業備品」（No.181）「説明文を書くノート（記述式問題への普段からの対処）」「ぶらぶらメモタイム」

1　説明文を書くノート（記述式問題への普段からの対処）

　文章題の立式はできるが、式の意味を説明することが難しい子どもがいる。記述式問題の正答率が悪い原因の多くは、授業で「説明」を重視していないことに行き着く。

　問題文から自分が立式した式について、その根拠や理由を明らかに説明できる子どもを一人でも増やすための手立ての具体的例を高知県Ａ小の実践から示す。

○高知県Ａ小の「説明」を重視する指導

> **ある児童のノート**
>
> > 問題　あきら君は、600円持っています。あるお店で130円のお菓子を買って、別のお店で420円のノートを買いました。残りは何円でしょう
>
>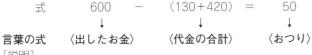
>
> 式　　　　600　　－　　（130＋420）　＝　　50
>
> 言葉の式　〈出したお金〉　〈代金の合計〉　〈おつり〉
>
> ［説明］
> ①まず、お菓子とノートの**代金の合計**を求めます。
> 　130＋420＝550
> ②次に、**出したお金**から**代金の合計**を引くようにします。
> 　600－550＝50
> ③おつりは、50円になりました。

　このノートは、普段からの指導ができているから書くことができている。「説明」の仕方が教室内に貼ってあることや、ノートに説明モデルが書いてあることは必須なことである。

　自分が書いた説明が正しいかどうかを子どもに気付かせるには、どんな説明の書き方がよいかを指導しておくことが重要である。

　Ａ小では、説明を書くための具体例を子どもたちに示してある。

◎上手に説明をする（書く）ための指導のポイント

　①**言葉の式**から説明に必要な言葉を選ぶ。

　②計算の順じょに従って、説明を書く。その際、「**まず**」「**次に**」「**そして**」などの順じょを表す言葉を使う。

　③キーワードを入れる。

2　ぶらぶらメモタイム

　友達の所に行って教え合い・学び合いをすることは、子どもが主体的に学ぶ上で必須なことである。だが、その移動のぶらぶらに課題があることに気付いた。移動中にも思考することが大事である。そのための「ぶらぶらメモタイム」を提案したい。話の聞き方とメモの仕方である。

①大事な言葉（キーワード）に着目して聞く。その後、短い言葉で書く。見出しをつける。

②順序や理由を表す言葉に気をつけて聞く。話の順序を表す言葉「まず　次に　それから　最後に」。理由を述べるときに使う言葉「なぜかというと」「だから」「そのわけは　〜からです」。

③話の内容をイメージしながら聞く。その後、記号や図や絵などを使って書く。

④話し手の方を見ながら聞く。

　普段からペアやグループ学習等で書いたメモをお互いに見せ合う機会を作るとよい。それぞれのメモで工夫したところや改善点を話し合う交流の場を設定することにより、自分のメモを書き直したり書き足したりすることができるようになる。

　メモの仕方は小４の国語で取り上げている。教科の内容を指導することも重要だが、地道なメモの仕方を全教科で指導することが重要である。

＊「授業備品」については、「西留安雄の授業実践」のHPを参照

ものを言う
ものに成る
人づくり

長崎県大村市立玖島中学校長
大場祥一

写真2　玖島中学校（現校舎）：写真上部は大村湾

　我が大村市立玖島中学校は、昭和50年に世界初の海上空港として誕生した長崎空港を擁する「水と緑と花につつまれた大村市」の最南端に位置します。昭和41年の統合により、大村中学校、鈴田中学校、三浦中学校が一つとなって現在に至りますが、肥前大村藩の藩校「五教館」に由来する歴史ある学校でもあります。

　その謂れが校章にあります。日本初のキリシタン大名「大村純忠」が統治していた大村家には、替紋の一つとして「日脚紋」がありました。玖島中学校の校章は、その「日脚紋」の24本の放射線状の光芒をもとにデザイン化されています。大村小・玖島中・大村高校の校章は、すべて同じ図柄に、「小」・「中」・「大高」という文字が入っています（**写真1**）。玖島中学校には、その気概と誇りが根底に流れています。

大村小学校校章

玖島中学校校章

大村高校校章

写真1　大村小・玖島中・大村高校の各校章

　校舎建て替えにより平成15年度から現在の校舎で「豊かな学び」と「確かな育ち」が繰り広げられています（**写真2**）。その瀟洒な校舎は、管理棟・芸術棟・教室棟の三棟からなり、床や壁はすべてヒノキ張りで、とても美しく温もりのある空間となっています。校舎の周りには、ケヤキをはじめとした落葉樹がふんだんに植えられ、夏は涼しく冬は暖かい室温が保たれるよう工夫されています。扇の形をした管理棟は、生徒を教え導く教職員一人一人が要

に位置し教育活動を展開するという使命感、教師としての矜持を表しています。また、本校はバリアフリーの考え方を校舎建築の折にいち早く取り入れ、エレベーターも完備され、車椅子で体育館や各棟、教室に移動することが可能です。「弱い立場、辛い立場に置かれた子供たちに心を込めて支えていく」ことも、玖島中学校に課せられた使命の一つと捉えています。加えて本校の信条「創造する喜び　感動する心」、日常に設えた一つ一つの教育が、やがて非日常として大きく華ひらくことを期して、生徒中心の教育に徹しています（**写真3**）。

　今日まで本校は、校訓「敬愛　規律　自立　健康」を念頭に置き（**写真4**）、こうした流れや思い、営みを大切にしながら教育活動を積み重ね、その成果が、品格のある落ち着いた生活態度と学習に向かう姿、学校行事や部活動に熱意を持って取り組む姿となって表れています。

　生徒は礼儀正しく素直です。その良さは、おとなしい姿、率先した行動やチャレンジすることに躊躇する姿、声に出さない姿、表現力や覇気にやや欠け

写真3 本校の信条「創造する喜び 感動する心」

写真4 校訓「敬愛 規律 自立 健康」

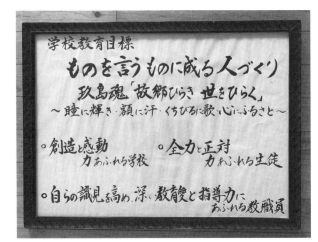

写真5 学校教育目標「ものを言う ものに成る 人づくり」

る姿となり、課題として浮き彫りとなっています。そこで今年度、「ものを言う ものに成る 人づくり」を、職員の総意として学校教育目標に掲げ、教育活動を展開しています（**写真5**）。

　振り返ると厳しかった私の親の教育も含めて「黙っていること」、「多くを語らないこと」、「奥ゆかしさ」等が美徳とされる教育を受けてきたように思います。しかし、生徒たちは、これからこの予測困難な社会、知識基盤社会化やグローバル化の中で、自分の考えや思い等をはっきりと伝え、国際社会や日本社会、また、世の中を生き抜いていかなければなりません。一方では、イヤなことはイヤと言う強い意志、心も必要です。

　4月1日から成人年齢を「20歳」から「18歳」にする民法や少年法が施行されました。卒業の年度を迎えた3年生は、4年後には、保護者の同意なし

に様々な契約や選択が可能となります。自由という権利を得ながらも、一歩間違えば欺されたり、陥れられたり、辱められたり、自ら誤ったり、取り返しのつかないことをしたり……する可能性もあります。生徒たちには、自らの判断で生き、自らの考えを声に出していく。周りの人と折り合いを付けながらより良く生きていく。そのような力を身につけさせたいと考えます。これは、校歌にある「故郷ひらき 世をひらく」人づくりにも通ずるものと確信しています。

　大切な生徒でもあり、可愛い後輩でもある子供たち406名の「ものを言う ものに成る 人づくり」の実現に向け、校長として、13回生の先輩として、31名の教職員との「共創」を常として、生徒一人一人の「学力保障」と「人間性・社会性の涵養」に今日も精励します（**写真6**）。

写真6 校門前の掲示板

学ぶことが楽しいと感じる子どもを育てる

島根県松江市立竹矢小学校教諭
金木瑛実加

「ゆとり世代」の一人として学んできた道

「ゆとり世代」と聞いて、どんなことを思い浮かべるでしょうか。「競争心が低く主体性が低い」「ストレスへの耐性が低く打たれ弱い」など、どちらかと言えばマイナスなイメージで捉えられることの方が多いのかもしれません。わたしは世間で言う「ゆとり教育」を受けた世代です。しかし、わたし自身はゆとり世代ということをこれまでほとんど意識することなく過ごしてきました。

わたしは、小さい頃から学校が大好きでした。低学年の頃、担任だった先生はたくさん褒めてくださいました。その先生の姿を見て、わたしも自然と小学校の先生になりたいと思うようになりました。

わたしはこれまで受けてきた教育から、学ぶことそのものの良さを実感してきています。学びが生活につながり、自分の価値観に影響を受け、人生が豊かになるということを繰り返し経験してきたからです。だからこそ、わたしも「学ぶことが楽しい」と子どもたちが実感できるような教師になることを目指してきました。

わたしは夢だった小学校の教師の道を歩み、現在も学び続ける日々を送っています。教師になってみて実感しているのは、授業のことを研究したり、自分のスキルアップをしたりする時間や場が圧倒的に少ないということです。医師の世界で例えるなら、技術がないのにいきなり手術をしたりしません。ですが、教師の世界では初心者マークがついていても、初めから他の先輩の先生方と同じようにやっていかなければなりません。ですから、わたしは教師の仕事をすると同時に自分のスキルアップを意識的に行ってきました。教師になったばかりの頃はなかなか積極的に現場の先生方に質問できなかったのが、だんだんとできるようになってきたり、自分であらゆる本を読んだり、授業などについて色々な人と話をしたりしてきました。また、学習会に誘われれば可能な限り参加してきました。わたしが現在も学び続けられるのは、幼い頃から学ぶことが楽しいことだと教わり、実感してきたからでもあると思います。

体験を通して知るということ

わたしが教師という立場で大事にしていることは、子どもたちが「分かって楽しい！」と実感する授業をすることです。そのような中で力を入れて取り組んできたうちの一つに、「総合的な学習の時間」があります。

わたしが小学生の頃、3年生から「総合的な学習の時間」が始まりました。当時は、総合的な学習の時間がどのようなものかは意識していませんでしたが、たくさんの体験学習をしたことは印象に残っています。3年生の頃は福祉教育を受けました。身体に障がいがある人のことについて学んだり、地域の老人ホームに出かけたりしました。車椅子に乗って地域へ出かけたり、アイマスク体験で視覚障がいについて学んだりもしました。4年生では、地域のことについて学びました。わたしは学校の近くの銀行について調べ、見学にも行きました。また、わたしのふるさとである松江市は、日本三大和菓子どころとも呼ばれていることを知り、ふるさとに誇りをもつよ

●Profile
かなぎ・えみか　1992年生まれ。小学校の時の担任の先生に憧れ、教師を志しました。2015年、安来市立南小学校から教師生活をスタートさせ、現在教師生活8年目。初任校3年目で特別支援学級の担任を経験したことから、特別支援に関する勉強も始めました。現在、特別支援学級を担任し、「学ぶことが楽しい」と感じる授業づくりに力を入れています。
●モットー
ケセラセラ

うになりました。高学年になると、異文化の外国のことや、病気のことなどについて学びました。実際に外国の方に学校に来ていただいてお話を聞いたり、自分たちで調べたことを体育館で発表し合うポスターセッションのようなことをしたりしました。わたしはそれまで名前も知らなかったポーランドという国のことを知り、興味をもったことを覚えています。

　自分でも、小学生の頃の学習をこれだけ覚えていることに驚きました。それほどに、体験を通した学習が、印象に残るものなのだと気付かされます。体験を通した学習は、感情を伴って記憶に残りやすいのかもしれません。「知る」ということはとても大切なことだと思います。障がいのことや病気のこと、異文化のことなどについて知る機会がなかったら、わたしはそれらについて偏見をもっていたかもしれません。小さな頃から体験を通して様々なことに触れる機会があったことは、とてもよかったと思います。

　小学校3年生以上になると、社会科や総合的な学習の時間との関連で、地域と関わりのある学習や体験を通して学ぶ学習がぐんと増えてきます。できる限り地域に出かけたり、また地域の方に学校に来ていただいたりしながら子どもたちが体験を通し、実感を伴った学びができるように計画を立てています。教員以外の多様な価値観や経験をもった大人たちと接したり、対話したりすることで、より深い学びとなり、一人一人が自分の新たな学びに気付くことができると思っています。

　これまでも総合的な学習の時間を通じて、わたし自身が学ぶこともたくさんありました。そしてやはり「学ぶことは楽しい」と改めて実感しています。

　3年生を担任した時には、地域の方の協力のもとに子どもたちと大豆を育て、収穫し、味噌を作ったり豆腐を作ったりしました。大豆の収穫の時の子ど

大豆の収穫の様子

もの振り返りには以下の記述がありました。

　　きょうは大豆のしゅうかくをみました。一回あたまの中でそうぞうしたいじょうにかっこよかったです。大豆をかったらかならず（機械の）まん中にいくようになっていてすごかったです。

　地域の特産物や地域で働く人について知ることで、「想像した以上にかっこよかった」と子どもたちが地域への愛着をもてたのではないかと思います。また、体験したからこそ実感を伴った学びにつながったのではないかと感じました。

 ## 教師としてこれからも学び続ける

　年々時代に求められていることが多様化している今日ですが、教師の仕事として、最も大切にされなければならないもののうちの一つは授業だとわたしは考えています。働き方改革が叫ばれる中、「ゆとり世代」の一人として、ICT活用など一つのやり方に固執するのではなく、工夫次第で様々に順応できるという強みを生かし、学ぶことが楽しいと感じる子どもたちを育てるために、これからも励んでいきたいと思います。

● 「令和の日本型学校教育」の構築を目指して～全ての子供たちの可能性を引き出す、
個別最適な学びと、協働的な学びの実現～（答申）〔抜粋〕

▶ 本誌特集（pp.7～45）では、「個別最適で協働的な学びをどう実現するか～令和の授業イノベーションを考える～」というテーマのもと、ニューノーマルの授業の姿を探究しています。そこで本欄では、「個別最適な学び」「協働的な学び」を考えるにあたっての基礎資料ともいえる「令和の日本型学校教育」答申から、特に押さえておきたい重要箇所を抜粋してご紹介します。

「令和の日本型学校教育」の構築を目指して
～全ての子供たちの可能性を引き出す、個別最適な
学びと、協働的な学びの実現～（答申）

令和3年1月26日
中央教育審議会

第Ⅰ部 総論
3. 2020年代を通じて実現すべき「令和の日本
型学校教育」の姿

（1）子供の学び

○ 我が国ではこれまでも、学習指導要領において、子供の興味・関心を生かした自主的、主体的な学習が促されるよう工夫することを求めるなど、「個に応じた指導」が重視されてきた。

○ 平成28年答申においては、子供たちの現状を踏まえれば、子供一人一人の興味や関心、発達や学習の課題等を踏まえ、それぞれの個性に応じた学びを引き出し、一人一人の資質・能力を高めていくことが重要であり、各学校が行う進路指導や生徒指導、学習指導等についても、子供一人一人の発達を支え、資質・能力を育成するという観点からその意義を捉え直し、充実を図っていくことが必要であるとされている。また、特に新学習指導要領では、「個に応じた指導」を一層重視する必要があるとされている。

○ 同答申を踏まえて改訂された学習指導要領の総則「第4 児童（生徒）の発達の支援」の中では、児童生徒が、基礎的・基本的な知識及び技能の習得も含め、学習内容を確実に身に付けること

ができるよう、児童生徒や学校の実態に応じ、個別学習やグループ別学習、繰り返し学習、学習内容の習熟の程度に応じた学習、児童生徒の興味・関心等に応じた課題学習、補充的な学習や発展的な学習などの学習活動を取り入れることや、教師間の協力による指導体制を確保することなど、指導方法や指導体制の工夫改善により、「個に応じた指導」の充実を図ることについて示された。また、その際、各学校において、コンピュータや情報通信ネットワークなどの情報手段を活用するために必要な環境を整え、これらを適切に活用した学習活動の充実を図ることについても示された。

○ 現在、GIGAスクール構想により学校のICT環境が急速に整備されており、今後はこの新たなICT環境を活用するとともに、少人数によるきめ細かな指導体制の整備を進め、「個に応じた指導」を充実していくことが重要である。

○ その際、平成28年答申において示されているとおり、基礎的・基本的な知識・技能の習得が重要であることは言うまでもないが、思考力・判断力・表現力等や学びに向かう力等こそ、家庭の経済事情など、子供を取り巻く環境を背景とした差が生まれやすい能力であるとの指摘もあることに留意が必要である。「主体的・対話的で深い学び」を実現し、学びの動機付けや幅広い資質・能力の育成に向けた効果的な取組を展開していくことによって、学校教育が個々の家庭の経済事情等に左右されることなく、子供たちに必要な力を育んでいくことが求められる。同答申を踏まえて改訂された学習指導要領の総則「第3 教育課程の実施

と学習評価」の中で、「主体的・対話的で深い学び」の実現に向けた授業改善について示された。

○　新型コロナウイルス感染症の感染拡大による臨時休業の長期化により、多様な子供一人一人が自立した学習者として学び続けていけるようになっているか、という点が改めて焦点化されたところであり、これからの学校教育においては、子供がICTも活用しながら自ら学習を調整しながら学んでいくことができるよう、「個に応じた指導」をすることが必要である。この「個に応じた指導」の在り方を、より具体的に示すと以下のとおりである。

○　全ての子供に基礎的・基本的な知識・技能を確実に習得させ、思考力・判断力・表現力等や、自ら学習を調整しながら粘り強く学習に取り組む態度等を育成するためには、教師が支援の必要な子供により重点的な指導を行うことなどで効果的な指導を実現することや、子供一人一人の特性や学習進度、学習到達度等に応じ、指導方法・教材や学習時間等の柔軟な提供・設定を行うことなどの「指導の個別化」が必要である。

○　基礎的・基本的な知識・技能等や、言語能力、情報活用能力、問題発見・解決能力等の学習の基盤となる資質・能力等を土台として、幼児期からの様々な場を通じての体験活動から得た子供の興味・関心・キャリア形成の方向性等に応じ、探究において課題の設定、情報の収集、整理・分析、まとめ・表現を行う等、教師が子供一人一人に応じた学習活動や学習課題に取り組む機会を提供することで、子供自身が学習が最適となるよう調整する「学習の個性化」も必要である。

○　以上の「指導の個別化」と「学習の個性化」を教師視点から整理した概念が「個に応じた指導」であり、この「個に応じた指導」を学習者視点から整理した概念が「個別最適な学び」である。

○　これからの学校においては、子供が「個別最適な学び」を進められるよう、教師が専門職としての知見を活用し、子供の実態に応じて、学習内容の確実な定着を図る観点や、その理解を深め、広げる学習を充実させる観点から、カリキュラム・マネジメントの充実・強化を図るとともに、これまで以上に子供の成長やつまずき、悩みなどの理解に努め、個々の興味・関心・意欲等を踏まえてきめ細かく指導・支援することや、子供が自らの学習の状況を把握し、主体的に学習を調整することができるよう促していくことが求められる。

○　その際、ICTの活用により、学習履歴（スタディ・ログ）や生徒指導上のデータ、健康診断情報等を蓄積・分析・利活用することや、教師の負

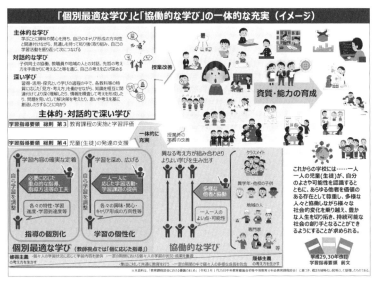

（令和3年1月25日　中央教育審議会初等中等教育分科会教育課程部会「教育課程部会における審議のまとめ」より）

担を軽減することが重要である。また、データの取扱いに関し、配慮すべき事項等を含めて専門的な検討を進めていくことも必要である。

○　子供がICTを日常的に活用することにより、自ら見通しを立てたり、学習の状況を把握し、新たな学習方法を見いだしたり、自ら学び直しや発展的な学習を行いやすくなったりする等の効果が生まれることが期待される。国においては、このような学習者やICT活用の視点を盛り込んだ「個別最適な学び」に関する指導事例を収集し、周知することが必要である。

○　さらに、「個別最適な学び」が「孤立した学び」に陥らないよう、これまでも「日本型学校教育」において重視されてきた、探究的な学習や体験活動などを通じ、子供同士で、あるいは地域の方々をはじめ多様な他者と協働しながら、あらゆる他者を価値のある存在として尊重し、様々な社会的な変化を乗り越え、持続可能な社会の創り手となることができるよう、必要な資質・能力を育成する「協働的な学び」を充実することも重要である。

○　「協働的な学び」においては、集団の中で個が埋没してしまうことがないよう、「主体的・対話的で深い学び」の実現に向けた授業改善につなげ、子供一人一人のよい点や可能性を生かすことで、異なる考え方が組み合わさり、よりよい学びを生み出していくようにすることが大切である。「協働的な学び」において、同じ空間で時間を共にすることで、お互いの感性や考え方等に触れ刺激し合うことの重要性について改めて認識する必要がある。人間同士のリアルな関係づくりは社会を形成していく上で不可欠であり、知・徳・体を一体的に育むためには、教師と子供の関わり合いや子供同士の関わり合い、自分の感覚や行為を通して理解する実習・実験、地域社会での体験活動、専門家との交流など、様々な場面でリアルな体験を通じて学ぶことの重要性が、AI技術が高度に発達するSociety5.0時代にこそ一層高まるものである。

○　また、「協働的な学び」は、同一学年・学級はもとより、異学年間の学びや他の学校の子供との学び合いなども含むものである。知・徳・体を一体で育む「日本型学校教育」のよさを生かし、学校行事や児童会（生徒会）活動等を含め学校における様々な活動の中で異学年間の交流の機会を充実することで、子供が自らのこれまでの成長を振り返り、将来への展望を培うとともに、自己肯定感を育むなどの取組も大切である。

○　さらに、ICTの活用により、子供一人一人が自分のペースを大事にしながら共同で作成・編集等を行う活動や、多様な意見を共有しつつ合意形成を図る活動など、「協働的な学び」もまた発展させることができる。ICTを利用して空間的・時間的制約を緩和することによって、遠隔地の専門家とつないだ授業や他の学校・地域や海外との交流など、今までできなかった学習活動も可能となることから、その新たな可能性を「主体的・対話的で深い学び」の実現に向けた授業改善に生かしていくことが求められる。

○　学校における授業づくりに当たっては、「個別最適な学び」と「協働的な学び」の要素が組み合わさって実現されていくことが多いと考えられる。各学校においては、教科等の特質に応じ、地域・学校や児童生徒の実情を踏まえながら、授業の中で「個別最適な学び」の成果を「協働的な学び」に生かし、更にその成果を「個別最適な学び」に還元するなど、「個別最適な学び」と「協働的な学び」を一体的に充実し、「主体的・対話的で深い学び」の実現に向けた授業改善につなげていくことが必要である。その際、家庭や地域の協力も得ながら人的・物的な体制を整え、教育活動を展開していくことも重要である。国においては、このような「個別最適な学び」と「協働的な学び」の一体的な充実の重要性について、関係者の理解を広げていくことが大切である。

○　したがって、目指すべき「令和の日本型学校教育」の姿を「全ての子供たちの可能性を引き出す、個別最適な学びと、協働的な学びの実現」とする。

●教育公務員特例法・教育職員免許法の一部改正関連資料

（教員免許更新制に関する規定の廃止等）

▶ 令和4年5月11日に「教育公務員特例法及び教育職員免許法の一部を改正する法律」が成立しました（施行期日は下図参照）。これを受け、令和の日本型学校教育を実現するこれからの教師の学びの姿として、新しい研修システムや教師の資質能力に関するガイドラインの整備が文部科学省において計画されています。

教育公務員特例法及び教育職員免許法の一部を改正する法律の概要

趣 旨

校長及び教員の資質の向上のための施策をより合理的かつ効果的に実施するため、公立の小学校等の校長及び教員の任命権者等による研修等に関する記録の作成並びに資質の向上に関する指導及び助言等に関する規定を整備し、普通免許状及び特別免許状の更新制に関する規定を削除する等の措置を講ずる。

概 要

1. 研修記録の作成及び資質の向上に関する指導助言等（教育公務員特例法の一部改正）

①任命権者は、校長及び教員ごとに研修等に関する記録を作成しなければならない。
【教特法第22条の5第1項及び第2項】

＜記録の範囲＞
・研修実施者※1が実施する研修
・大学院修学休業により履修した大学院の課程等
・任命権者が開設した認定講習及び認定通信教育による単位の修得
・その他任命権者が必要と認めるもの

②指導助言者※2は、校長及び教員に対し資質の向上に関する指導助言等を行うものとする。その場合に、校長及び教員の資質の向上に関する指標及び教員研修計画を踏まえるとともに、①の記録に係る情報を活用する。
【教特法第22条の6第1項及び第2項】

③指導助言者は、独立行政法人教職員支援機構（NITS）や大学等に情報の提供等の協力を求めることができることとする。
【教特法第22条の6第3項】

④教員研修計画に、資質の向上に関する指導助言等の方法に関して必要な事項を加える。
【教特法第22条の4第2項第4号】

新たな研修制度イメージ

国　教師の資質向上に関する指針

任命権者　←参酌　研修実施者
(1)教員育成指標の策定　→　(3)教員研修計画の策定（毎年度）
(2)研修等に関する記録

指導助言者は、(1)～(3)に基づき、
・校長及び教員からの相談対応、
・資質の向上の機会に関する情報提供
・資質の向上に関する指導助言　を行う※3。

指導助言者の求めに応じ、資質の向上の機会に関する情報の提供等

教職員支援機構、大学等

※1 研修実施者は中核市の県費負担教職員の場合は中核市教育委員会、その他の校長及び教員の場合は原則任命権者。

※2 指導助言者は県費負担教職員の場合は市町村教育委員会、その他の校長及び教員の場合は任命権者。

※3 教員への指導助言等は、教育委員会の指揮監督に服する校長等が実施することを想定。

2. 普通免許状及び特別免許状の更新制に関する規定の削除等（教育職員免許法の一部改正）

①普通免許状及び特別免許状を有効期間の定めのないものとし、更新制に関する規定を削除する。
【免許法第9条～第9条の4等】

②施行の際現に効力を有し、改正前の規定により有効期間が定められた普通免許状及び特別免許状には、施行日以後は有効期間の定めがないものとする等の経過措置を設ける。
【附則第3条】

3. その他（教育職員免許法の一部改正）

①普通免許状を有する者が他の学校種の普通免許状の授与を受けようとする場合に必要な最低在職年数について、当該年数に含めることができる勤務経験の対象を拡大する。
【免許法別表第8】

②主として社会人を対象とする教職特別課程（普通免許状の授与を受けるために必要な科目の単位を修得させるために大学が設置する修業年限を1年とする課程）について、修業年限を1年以上に弾力化する。
【免許法別表第1備考第6号】

施行期日

令和4年7月1日（1.の規定は令和5年4月1日）【附則第1条】

（文部科学省「第208回国会における文部科学省成立法律（令和4年1月17日～）」より）

○**教育公務員特例法** （昭和二十四年法律第一号）（第一条関係）

（傍線部分は改正部分）

改正後	改正前
目次 第一章　総則（第一条・第二条） 第二章　任免、人事評価、給与、分限及び懲戒 　第一節　大学の学長、教員及び部局長（第三条－第十条） 　第二節　大学以外の公立学校の校長及び教員（第十一条－第十四条） 　第三節　専門的教育職員（第十五条・第十六条） 第三章　服務（第十七条－第十九条） 第四章　研修（第二十条－第二十五条の二） 第五章　大学院修学休業（第二十六条－第二十八条） 第六章　職員団体（第二十九条） 第七章　教育公務員に準ずる者に関する特例（第三十条－第三十五条） 附則	目次 第一章　総則（第一条・第二条） 第二章　任免、人事評価、給与、分限及び懲戒 　第一節　大学の学長、教員及び部局長（第三条－第十条） 　第二節　大学以外の公立学校の校長及び教員（第十一条－第十四条） 　第三節　専門的教育職員（第十五条・第十六条） 第三章　服務（第十七条－第二十条） 第四章　研修（第二十一条－第二十五条の二） 第五章　大学院修学休業（第二十六条－第二十八条） 第六章　職員団体（第二十九条） 第七章　教育公務員に準ずる者に関する特例（第三十条－第三十五条） 附則
（定義） 第二条　（略） 2　（略） 3　この法律で「部局長」とは、大学（公立学校であるものに限る。第二十二条の六第三項、第二十二条の七第二項第二号及び第二十六条第一項を除き、以下同じ。）の副学長、学部長その他政令で指定する部局の長をいう。 4・5　（略）	（定義） 第二条　（略） 2　（略） 3　この法律で「部局長」とは、大学（公立学校であるものに限る。第二十六条第一項を除き、以下同じ。）の副学長、学部長その他政令で指定する部局の長をいう。 4・5　（略）
（兼職及び他の事業等の従事） 第十七条　教育公務員は、教育に関する他の職を兼ね、又は教育に関する他の事業若しくは事務に従事することが本務の遂行に支障がないと任命権者（地方教育行政の組織及び運営に関する法律第三十七条第一項に規定する県費負担教職員（以下「県費負担教職員」という。）については、市町村（特別区を含む。以下同じ。）の教育委員会）において認める場合には、給与を受け、又は受けないで、その職を兼ね、又はその事業若しくは事務に従事することができる。 2・3　（略）	（兼職及び他の事業等の従事） 第十七条　教育公務員は、教育に関する他の職を兼ね、又は教育に関する他の事業若しくは事務に従事することが本務の遂行に支障がないと任命権者（地方教育行政の組織及び運営に関する法律第三十七条第一項に規定する県費負担教職員については、市町村（特別区を含む。以下同じ。）の教育委員会。第二十三条第二項及び第二十四条第二項において同じ。）において認める場合には、給与を受け、又は受けないで、その職を兼ね、又はその事業若しくは事務に従事することができる。 2・3　（略）
第十九条　（略）	第十九条　（略）
第四章　研修	（新設）
（研修実施者及び指導助言者） 第二十条　この章において「研修実施者」とは、次の各号に掲げる者の区分に応じ当該各号に定める者をいう。 　一　市町村が設置する中等教育学校（後期課程に学校教育法第四条第一項に規定する定時制の課程のみを置くものを除く。次号において同じ。）の校長及び教員のうち県	第二十条　削除

費負担教職員である者　当該市町村の教育委員会
二　地方自治法第二百五十二条の二十二第一項の中核市（以下この号及び次項第二号において「中核市」という。）が設置する小学校等（中等教育学校をく。）の校長及び教員のうち県費負担教職員である者　当該中核市の教育委員会
三　前二号に掲げる者以外の教育公務員　当該教育公務員の任命権者
2　この章において「指導助言者」とは、次の各号に掲げる者の区分に応じ当該各号に定める者をいう。
一　前項第一号に掲げる者　同号に定める市町村の教育委員会
二　前項第二号に掲げる者　同号に定める中核市の教育委員会
三　公立の小学校等の校長及び教員のうち県費負担教職員である者（前二号に掲げる者を除く。）　当該校長及び教員の属する市町村の教育委員会
四　公立の小学校等の校長及び教員のうち県費負担教職員以外の者　当該校長及び教員の任命権者

（削る）	第四章　研修
（研修） 第二十一条　（略） 2　教育公務員の研修実施者は、教育公務員（公立の小学校等の校長及び教員（臨時的に任用された者その他の政令で定める者を除く。以下この章において同じ。）を除く。）の研修について、それに要する施設、研修を奨励するための方途その他研修に関する計画を樹立し、その実施に努めなければならない。	（研修） 第二十一条　（略） 2　教育公務員の任命権者は、教育公務員（公立の小学校等の校長及び教員（臨時的に任用された者その他の政令で定める者を除く。以下この章において同じ。）を除く。）の研修について、それに要する施設、研修を奨励するための方途その他研修に関する計画を樹立し、その実施に努めなければならない。
（研修の機会） 第二十二条　（略） 2　（略） 3　教育公務員は、任命権者（第二十条第一項第一号に掲げる者については、同号に定める市町村の教育委員会。以下この章において同じ。）の定めるところにより、現職のままで、長期にわたる研修を受けることができる。	（研修の機会） 第二十二条　（略） 2　（略） 3　教育公務員は、任命権者の定めるところにより、現職のままで、長期にわたる研修を受けることができる。
（校長及び教員としての資質の向上に関する指標の策定に関する指針） 第二十二条の二　文部科学大臣は、公立の小学校等の校長及び教員の計画的かつ効果的な資質の向上を図るため、次条第一項に規定する指標の策定に関する指針（以下この条及び次条第一項において「指針」という。）を定めなければならない。 2・3　（略）	（校長及び教員としての資質の向上に関する指標の策定に関する指針） 第二十二条の二　文部科学大臣は、公立の小学校等の校長及び教員の計画的かつ効果的な資質の向上を図るため、次条第一項に規定する指標の策定に関する指針（以下「指針」という。）を定めなければならない。 2・3　（略）
（校長及び教員としての資質の向上に関する指標） 第二十二条の三　公立の小学校等の校長及び教員の任命権者	（校長及び教員としての資質の向上に関する指標） 第二十二条の三　公立の小学校等の校長及び教員の任命権者

は、指針を参酌し、その地域の実情に応じ、当該校長及び教員の職責、経験及び適性に応じて向上を図るべき校長及び教員としての資質に関する指標（以下この章において「指標」という。）を定めるものとする。

2　公立の小学校等の校長及び教員の任命権者は、指標を定め、又はこれを変更しようとするときは、<u>第二十二条の七第一項</u>に規定する協議会において協議するものとする。

3・4　（略）

（教員研修計画）

第二十二条の四　公立の小学校等の校長及び教員の<u>研修実施者</u>は、指標を踏まえ、当該校長及び教員の研修について、毎年度、体系的かつ効果的に実施するための計画（以下この条<u>及び第二十二条の六第二項</u>において「教員研修計画」という。）を定めるものとする。

2　教員研修計画においては、おおむね次に掲げる事項を定めるものとする。

一　<u>研修実施者が</u>実施する第二十三条第一項に規定する初任者研修、第二十四条第一項に規定する中堅教諭等資質向上研修その他の研修（以下この項<u>及び次条第二項第一号</u>において「<u>研修実施者</u>実施研修」という。）に関する基本的な方針

二　<u>研修実施者</u>実施研修の体系に関する事項

三　<u>研修実施者</u>実施研修の時期、方法及び施設に関する事項

四　<u>研修実施者が指導助言者として行う第二十二条の六第二項に規定する資質の向上に関する指導助言等の方法に関して必要な事項（研修実施者が都道府県の教育委員会である場合においては、県費負担教職員について第二十条第二項第三号に定める市町村の教育委員会が指導助言者として行う第二十二条の六第二項に規定する資質の向上に関する指導助言等に関する基本的な事項を含む。）</u>

五　<u>前号に掲げるもののほか、</u>研修を奨励するための方途に関する事項

六　（略）

3　公立の小学校等の校長及び教員の<u>研修実施者</u>は、教員研修計画を定め、又はこれを変更したときは、遅滞なく、これを公表するよう努めるものとする。

<u>（研修等に関する記録）</u>

<u>第二十二条の五　公立の小学校等の校長及び教員の任命権者は、文部科学省令で定めるところにより、当該校長及び教員ごとに、研修の受講その他の当該校長及び教員の資質の向上のための取組の状況に関する記録（以下この条及び次条第二項において「研修等に関する記録」という。）を作成しなければならない。</u>

<u>2　研修等に関する記録には、次に掲げる事項を記載するものとする。</u>

<u>一　当該校長及び教員が受講した研修実施者実施研修に関</u>

は、指針を参酌し、その地域の実情に応じ、当該校長及び教員の職責、経験及び適性に応じて向上を図るべき校長及び教員としての資質に関する指標（以下「指標」という。）を定めるものとする。

2　公立の小学校等の校長及び教員の任命権者は、指標を定め、又はこれを変更しようとするときは、<u>あらかじめ第二十二条の五第一項</u>に規定する協議会において協議するものとする。

3・4　（略）

（教員研修計画）

第二十二条の四　公立の小学校等の校長及び教員の<u>任命権者</u>は、指標を踏まえ、当該校長及び教員の研修について、毎年度、体系的かつ効果的に実施するための計画（以下この条において「教員研修計画」という。）を定めるものとする。

2　教員研修計画においては、おおむね次に掲げる事項を定めるものとする。

一　<u>任命権者が</u>実施する第二十三条第一項に規定する初任者研修、第二十四条第一項に規定する中堅教諭等資質向上研修その他の研修（以下この項において「<u>任命権者</u>実施研修」という。）に関する基本的な方針

二　<u>任命権者</u>実施研修の体系に関する事項

二　<u>任命権者</u>実施研修の時期、方法及び施設に関する事項

（新設）

四　研修を奨励するための方途に関する事項

五　（略）

3　公立の小学校等の校長及び教員の<u>任命権者</u>は、教員研修計画を定め、又はこれを変更したときは、遅滞なく、これを公表するよう努めるものとする。

（新設）

する事項

二　第二十六条第一項に規定する大学院修学休業により当該教員が履修した同項に規定する大学院の課程等に関する事項

三　認定講習等（教育職員免許法（昭和二十四年法律第百四十七号）別表第三備考第六号の文部科学大臣の認定する講習又は通信教育をいう。次条第一項及び第三項において同じ。）のうち当該任命権者が開設したものであつて、当該校長及び教員が単位を修得したものに関する事項

四　前三号に掲げるもののほか、当該校長及び教員が行つた資質の向上のための取組のうち当該任命権者が必要と認めるものに関する事項

3　公立の小学校等の校長及び教員の任命権者が都道府県の教育委員会である場合においては、当該都道府県の教育委員会は、指導助言者（第二十条第二項第二号及び第三号に定める者に限る。）に対し、当該校長及び教員の研修等に関する記録に係る情報を提供するものとする。

（資質の向上に関する指導助言等）

第二十二条の六　公立の小学校等の校長及び教員の指導助言者は、当該校長及び教員がその職責、経験及び適性に応じた資質の向上のための取組を行うことを促進するため、当該校長及び教員からの相談に応じ、研修、認定講習等その他の資質の向上のための機会に関する情報を提供し、又は資質の向上に関する指導及び助言を行うものとする。

2　公立の小学校等の校長及び教員の指導助言者は、前項の規定による相談への対応、情報の提供並びに指導及び助言（次項において「資質の向上に関する指導助言等」という。）を行うに当たつては、当該校長及び教員に係る指標及び教員研修計画を踏まえるとともに、当該校長及び教員の研修等に関する記録に係る情報を活用するものとする。

3　指導助言者は、資質の向上に関する指導助言等を行うため必要があると認めるときは、独立行政法人教職員支援機構、認定講習等を開設する大学その他の関係者に対し、これらの者が行う研修、認定講習等その他の資質の向上のための機会に関する情報の提供その他の必要な協力を求めることができる。

（協議会）

第二十二条の七　公立の小学校等の校長及び教員の任命権者は、指標の策定に関する協議並びに当該指標に基づく当該校長及び教員の資質の向上に関して必要な事項についての協議を行うための協議会（以下この条において「協議会」という。）を組織するものとする。

2～4　（略）

（初任者研修）

第二十三条　公立の小学校等の教諭等の研修実施者は、当該教諭等（臨時的に任用された者その他の政令で定める者を除く。）に対して、その採用（現に教諭等の職以外の職に

（新設）

（協議会）

第二十二条の五　公立の小学校等の校長及び教員の任命権者は、指標の策定に関する協議並びに当該指標に基づく当該校長及び教員の資質の向上に関して必要な事項についての協議を行うための協議会（以下「協議会」という。）を組織するものとする。

2～4　（略）

（初任者研修）

第二十三条　公立の小学校等の教諭等の任命権者は、当該教諭等（臨時的に任用された者その他の政令で定める者を除く。）に対して、その採用（現に教諭等の職以外の職に任

任命されている者を教諭等の職に任命する場合を含む。）の日から一年間の教諭又は保育教諭の職務の遂行に必要な事項に関する実践的な研修（次項において「初任者研修」という。）を実施しなければならない。

2　指導助言者は、初任者研修を受ける者（次項において「初任者」という。）の所属する学校の副校長、教頭、主幹教諭（養護又は栄養の指導及び管理をつかさどる主幹教諭を除く。）、指導教諭、教諭、主幹保育教諭、指導保育教諭、保育教諭又は講師のうちから、指導教員を命じるものとする。

3　（略）

（中堅教諭等資質向上研修）
第二十四条　公立の小学校等の教諭等（臨時的に任用された者その他の政令で定める者を除く。以下この項において同じ。）の研修実施者は、当該教諭等に対して、個々の能力、適性等に応じて、公立の小学校等における教育に関し相当の経験を有し、その教育活動その他の学校運営の円滑かつ効果的な実施において中核的な役割を果たすことが期待される中堅教諭等としての職務を遂行する上で必要とされる資質の向上を図るために必要な事項に関する研修（次項において「中堅教諭等資質向上研修」という。）を実施しなければならない。

2　指導助言者は、中堅教諭等資質向上研修を実施するに当たり、中堅教諭等資質向上研修を受ける者の能力、適性等について評価を行い、その結果に基づき、当該者ごとに中堅教諭等資質向上研修に関する計画書を作成しなければならない。

（指導改善研修）
第二十五条　公立の小学校等の教諭等の任命権者は、児童、生徒又は幼児（以下「児童等」という。）に対する指導が不適切であると認定した教諭等に対して、その能力、適性等に応じて、当該指導の改善を図るために必要な事項に関する研修（以下この条において「指導改善研修」という。）を実施しなければならない。

2～7　（略）

（大学院修学休業の許可及びその要件等）
第二十六条　公立の小学校等の主幹教諭、指導教諭、教諭、養護教諭、栄養教諭、主幹保育教諭、指導保育教諭、保育教諭又は講師（以下「主幹教諭等」という。）で次の各号のいずれにも該当するものは、任命権者（第二十条第一項第一号に掲げる者については、同号に定める市町村の教育委員会。次項及び第二十八条第二項において同じ。）の許可を受けて、三年を超えない範囲内で年を単位として定める期間、大学（短期大学を除く。）の大学院の課程若しくは専攻科の課程又はこれらの課程に相当する外国の大学の課程（次項及び第二十八条第二項において「大学院の課程等」という。）に在学してその課程を履修するための休業

命されている者を教諭等の職に任命する場合を含む。附則第五条第一項において同じ。）の日から一年間の教諭又は保育教諭の職務の遂行に必要な事項に関する実践的な研修（以下「初任者研修」という。）を実施しなければならない。

2　任命権者は、初任者研修を受ける者（次項において「初任者」という。）の所属する学校の副校長、教頭、主幹教諭（養護又は栄養の指導及び管理をつかさどる主幹教諭を除く。）、指導教諭、教諭、主幹保育教諭、指導保育教諭、保育教諭又は講師のうちから、指導教員を命じるものとする。

3　（略）

（中堅教諭等資質向上研修）
第二十四条　公立の小学校等の教諭等（臨時的に任用された者その他の政令で定める者を除く。以下この項において同じ。）の任命権者は、当該教諭等に対して、個々の能力、適性等に応じて、公立の小学校等における教育に関し相当の経験を有し、その教育活動その他の学校運営の円滑かつ効果的な実施において中核的な役割を果たすことが期待される中堅教諭等としての職務を遂行する上で必要とされる資質の向上を図るために必要な事項に関する研修（以下「中堅教諭等資質向上研修」という。）を実施しなければならない。

2　任命権者は、中堅教諭等資質向上研修を実施するに当たり、中堅教諭等資質向上研修を受ける者の能力、適性等について評価を行い、その結果に基づき、当該者ごとに中堅教諭等資質向上研修に関する計画書を作成しなければならない。

（指導改善研修）
第二十五条　公立の小学校等の教諭等の任命権者は、児童、生徒又は幼児（以下「児童等」という。）に対する指導が不適切であると認定した教諭等に対して、その能力、適性等に応じて、当該指導の改善を図るために必要な事項に関する研修（以下「指導改善研修」という。）を実施しなければならない。

2～7　（略）

（大学院修学休業の許可及びその要件等）
第二十六条　公立の小学校等の主幹教諭、指導教諭、教諭、養護教諭、栄養教諭、主幹保育教諭、指導保育教諭、保育教諭又は講師（以下「主幹教諭等」という。）で次の各号のいずれにも該当するものは、任命権者の許可を受けて、三年を超えない範囲内で年を単位として定める期間、大学（短期大学を除く。）の大学院の課程若しくは専攻科の課程又はこれらの課程に相当する外国の大学の課程（次項及び第二十八条第二項において「大学院の課程等」という。）に在学してその課程を履修するための休業（以下「大学院修学休業」という。）をすることができる。

（以下「大学院修学休業」という。）をすることができる。

一　主幹教諭（養護又は栄養の指導及び管理をつかさどる主幹教諭を除く。）、指導教諭、教諭、主幹保育教諭、指導保育教諭、保育教諭又は講師にあつては教育職員免許法に規定する教諭の専修免許状、養護をつかさどる主幹教諭又は養護教諭にあつては同法に規定する養護教諭の専修免許状、栄養の指導及び管理をつかさどる主幹教諭又は栄養教諭にあつては同法に規定する栄養教諭の専修免許状の取得を目的としていること。

二・三　（略）

四　条件付採用期間中の者、臨時的に任用された者、第二十三条第一項に規定する初任者研修を受けている者その他政令で定める者でないこと。

2　（略）

第三十五条　研究施設の長及び研究施設研究教育職員については、第三条第一項、第二項及び第五項、第五条の二、第六条、第七条、第二十一条並びに第二十二条の規定を準用する。この場合において、第三条一第二項中「評議会（評議会を置かない大学にあつては、教授会。以下同じ。）の議に基づき学長」とあり、同条第五項、第五条の二第二項及び第六条中「評議会の議に基づき学長」とあり、第五条の二第一項中「評議会」とあり、及び「教授会の議に基づき学長」とあり、並びに第二十一条第二項中「研修実施者」とあるのは「任命権者」と、第三条第二項中「評議会が」とあり、同条第五項中「教授会の議に基づき学長が」とあり、及び第七条中「評議会の議に基づき学長が」とあるのは「文部科学省令で定めるところにより任命権者が」と読み替えるものとする。

附　則
（指定都市以外の市町村の教育委員会及び長に係る協議会の特例）
第四条　地方自治法第二百五十二条の十九第一項の指定都市（以下「指定都市」という。）以外の市町村の教育委員会及び長については、当分の間、第二十二条の三第二項及び第二十二条の七の規定は、適用しない。この場合において、当該教育委員会及び長は、第二十二条の三第一項に規定する指標を定め、又はこれを変更しようとするときは、第二十二条の七第二項第二号に掲げる者、当該市町村を包括する都道府県の教育委員会若しくは知事又は独立行政法人教職員支援機構の意見を聴くよう努めるものとする。

（幼稚園等の教諭等に対する初任者研修等の特例）
第五条　幼稚園、特別支援学校の幼稚部及び幼保連携型認定こども園（以下この条及び次条において「幼稚園等」という。）の教諭等の研修実施者（第二十条第一項に規定する研修実施者をいう。以下この項において同じ。）については、当分の間、第二十三条第一項の規定は、適用しない。

一　主幹教諭（養護又は栄養の指導及び管理をつかさどる主幹教諭を除く。）、指導教諭、教諭、主幹保育教諭、指導保育教諭、保育教諭又は講師にあつては教育職員免許法（昭和二十四年法律第百四十七号）に規定する教諭の専修免許状、養護をつかさどる主幹教諭又は養護教諭にあつては同法に規定する養護教諭の専修免許状、栄養の指導及び管理をつかさどる主幹教諭又は栄養教諭にあつては同法に規定する栄養教諭の専修免許状の取得を目的としていること。

二・三　（略）

四　条件付採用期間中の者、臨時的に任用された者、初任者研修を受けている者その他政令で定める者でないこと。

2　（略）

第三十五条　研究施設の長及び研究施設研究教育職員については、第三条第一項、第二項及び第五項、第五条の二、第六条、第七条、第二十一条並びに第二十二条の規定を準用する。この場合において、第三条第二項中「評議会（評議会を置かない大学にあつては、教授会。以下同じ。）の議に基づき学長」とあり、同条第五項、第五条の二第二項及び第六条中「評議会の議に基づき学長」とあり、並びに第五条の二第一項中「評議会」とあり、及び「教授会の議に基づき学長」とあるのは「任命権者」と、第三条第二項中「評議会が」とあり、同条第五項中「教授会の議に基づき学長が」とあり、及び第七条中「評議会の議に基づき学長が」とあるのは「文部科学省令で定めるところにより任命権者が」と読み替えるものとする。

附　則
（指定都市以外の市町村の教育委員会及び長に係る協議会の特例）
第四条　地方自治法第二百五十二条の十九第一項の指定都市（以下「指定都市」という。）以外の市町村の教育委員会及び長については、当分の間、第二十二条の三第二項及び第二十二条の五の規定は、適用しない。この場合において、当該教育委員会及び長は、指標を定め、又はこれを変更しようとするときは、あらかじめ同条第二項第二号に掲げる者、当該市町村を包括する都道府県の教育委員会若しくは知事又は独立行政法人教職員支援機構の意見を聴くよう努めるものとする。

（幼稚園等の教諭等に対する初任者研修等の特例）
第五条　幼稚園、特別支援学校の幼稚部及び幼保連携型認定こども園（以下この条において「幼稚園等」という。）の教諭等の任命権者については、当分の間、第二十三条第一項の規定は、適用しない。この場合において、幼稚園等の教諭等の任命権者（指定都市以外の市町村の設置する幼稚

この場合において、幼稚園等の教諭等の研修実施者（指定都市以外の市町村の設置する幼稚園及び特別支援学校の幼稚部の教諭等については当該市町村を包括する都道府県の教育委員会、当該市町村の設置する幼保連携型認定こども園の教諭等については当該市町村を包括する都道府県の知事）は、採用（現に教諭等の職以外の職に任命されている者を教諭等の職に任命する場合を含む。）の日から起算して一年に満たない幼稚園等の教諭等（臨時的に任用された者その他の政令で定める者を除く。）に対して、幼稚園等の教諭又は保育教諭の職務の遂行に必要な事項に関する研修を実施しなければならない。

2・3　（略）

（幼稚園等の教諭等に対する中堅教諭等資質向上研修の特例）

第六条　指定都市以外の市町村の設置する幼稚園等の教諭等に対する中堅教諭等資質向上研修（第二十四条第一項に規定する中堅教諭等資質向上研修をいう。次項において同じ。）は、当分の間、同条第一項の規定にかかわらず、幼稚園及び特別支援学校の幼稚部の教諭等については当該市町村を包括する都道府県の教育委員会が、幼保連携型認定こども園の教諭等については当該市町村を包括する都道府県の知事が実施しなければならない。

2　指定都市以外の市町村の教育委員会及び長は、その所管に属する幼稚園等の教諭等に対して都道府県の教育委員会及び知事が行う中堅教諭等資質向上研修に協力しなければならない。

（指定都市以外の市町村の教育委員会及び長に係る指導改善研修の特例）

第七条　指定都市以外の市町村の教育委員会及び長については、当分の間、第二十五条及び第二十五条の二の規定は、適用しない。この場合において、当該教育委員会及び長は、その所管に属する小学校等の教諭等（その任命権が当該教育委員会及び長に属する者に限る。）のうち、児童等に対する指導が不適切であると認める教諭等（政令で定める者を除く。）に対して、第二十五条第一項に規定する指導改善研修に準ずる研修その他必要な措置を講じなければならない。

園及び特別支援学校の幼稚部の教諭等については当該市町村を包括する都道府県の教育委員会、当該市町村の設置する幼保連携型認定こども園の教諭等については当該市町村を包括する都道府県の知事）は、採用の日から起算して一年に満たない幼稚園等の教諭等（臨時的に任用された者その他の政令で定める者を除く。）に対して、幼稚園等の教諭又は保育教諭の職務の遂行に必要な事項に関する研修を実施しなければならない。

2・3　（略）

（幼稚園及び幼保連携型認定こども園の教諭等に対する中堅教諭等資質向上研修の特例）

第六条　指定都市以外の市町村の設置する幼稚園及び幼保連携型認定こども園の教諭等に対する中堅教諭等資質向上研修は、当分の間、第二十四条第一項の規定にかかわらず、幼稚園の教諭等については当該市町村を包括する都道府県の教育委員会が、幼保連携型認定こども園の教諭等については当該市町村を包括する都道府県の知事が実施しなければならない。

2　指定都市以外の市町村の教育委員会及び長は、その所管に属する幼稚園及び幼保連携型認定こども園の教諭等に対して都道府県の教育委員会及び知事が行う中堅教諭等資質向上研修に協力しなければならない。

（指定都市以外の市町村の教育委員会及び長に係る指導改善研修の特例）

第七条　指定都市以外の市町村の教育委員会及び長については、当分の間、第二十五条及び第二十五条の二の規定は、適用しない。この場合において、当該教育委員会及び長は、その所管に属する小学校等の教諭等（その任命権が当該教育委員会及び長に属する者に限る。）のうち、児童等に対する指導が不適切であると認める教諭等（政令で定める者を除く。）に対して、指導改善研修に準ずる研修その他必要な措置を講じなければならない。

○**教育職員免許法**（昭和二十四年法律第百四十七号）（第二条関係）
　（注）教育職員等による児童生徒性暴力等の防止等に関する法律（令和三年法律第五十七号）附則第三条による改正後の条文

（傍線部分は改正部分）

改正後	改正前
目次 　第一章　総則（第一条－第三条の二） 　第二章　免許状（第四条－第九条の二） 　第三章　免許状の失効及び取上げ（第十条－第十四条の二）	目次 　第一章　総則（第一条－第三条の二） 　第二章　免許状（第四条－第九条の五） 　第三章　免許状の失効及び取上げ（第十条－第十四条の二）

第四章　雑則（第十五条－第二十条）
第五章　罰則（第二十一条－第二十三条）
附則

（免許状を要しない非常勤の講師）
第三条の二（略）
2　前項の場合において、非常勤の講師に任命し、又は雇用しようとする者は、文部科学省令で定めるところにより、その旨を<u>第五条第六項に規定する</u>授与権者に届け出なければならない。

（授与）
第五条　（略）
（削る）

2　特別免許状は、教育職員検定に合格した者に授与する。ただし、<u>前項各号</u>のいずれかに該当する者には、授与しない。
3　（略）
4　<u>第六項に規定する</u>授与権者は、<u>第二項</u>の教育職員検定において合格の決定をしようとするときは、学校教育に関し学識経験を有する者その他の文部科学省令で定める者の意見を聴かなければならない。
<u>5・6</u>　（略）

（教育職員検定）
第六条　（略）
2　学力及び実務の検定は、<u>第五条第二項及び第五項</u>、前条第三項並びに第十八条の場合を除くほか、別表第三又は別表第五から別表第八までに定めるところによつて行わなければならない。
3　（略）
（削る）

（証明書の発行）
第七条　（略）
2・3　（略）

第四章　雑則（第十五条－第二十条）
第五章　罰則（第二十一条－第二十三条）
附則

（免許状を要しない非常勤の講師）
第三条の二（略）
2　前項の場合において、非常勤の講師に任命し、又は雇用しようとする者は、<u>あらかじめ、</u>文部科学省令で定めるところにより、その旨を<u>第五条第七項で定める</u>授与権者に届け出なければならない。

（授与）
第五条　（略）
<u>2　前項本文の規定にかかわらず、別表第一から別表第二の二までに規定する普通免許状に係る所要資格を得た日の翌日から起算して十年を経過する日の属する年度の末日を経過した者に対する普通免許状の授与は、その者が免許状更新講習（第九条の三第一項に規定する免許状更新講習をいう。以下第九条の二までにおいて同じ。）の課程を修了した後文部科学省令で定める二年以上の期間内にある場合に限り、行うものとする。</u>
<u>3</u>　特別免許状は、教育職員検定に合格した者に授与する。ただし、<u>第一項各号</u>のいずれかに該当する者には、授与しない。
<u>4</u>　（略）
<u>5</u>　<u>第七項で定める</u>授与権者は、<u>第三項</u>の教育職員検定において合格の決定をしようとするときは、<u>あらかじめ、</u>学校教育に関し学識経験を有する者その他の文部科学省令で定める者の意見を聴かなければならない。
<u>6・7</u>　（略）

（教育職員検定）
第六条　（略）
2　学力及び実務の検定は、<u>第五条第三項及び第六項</u>、前条第三項並びに第十八条の場合を除くほか、別表第三又は別表第五から別表第八までに定めるところによつて行わなければならない。
3　（略）
<u>4　第一項及び前項の規定にかかわらず、第五条第三項及び第六項、前条第三項並びに第十八条の場合を除くほか、別表第三から別表第八までに規定する普通免許状に係る所要資格を得た日の翌日から起算して十年を経過する日の属する年度の末日を経過した者に普通免許状を授与するため行う教育職員検定は、その者が免許状更新講習の課程を修了した後文部科学省令で定める二年以上の期間内にある場合に限り、行うものとする。</u>

（証明書の発行）
第七条　（略）
2・3　（略）

| （削る） | 4　免許状更新講習を行う者は、免許状の授与又は免許状の有効期間の更新を受けようとする者から請求があつたときは、その者の免許状更新講習の課程の修了又は免許状更新講習の課程の一部の履修に関する証明書を発行しなければならない。 |
| | |

| 4　第一項及び第二項の証明書の様式その他必要な事項は、文部科学省令で定める。 | 5　第一項、第二項及び前項の証明書の様式その他必要な事項は、文部科学省令で定める。 |

（授与の場合の原簿記入等）
第八条　授与権者は、免許状を授与したときは、免許状の種類、その者の氏名及び本籍地、授与の日その他文部科学省令で定める事項を原簿に記入しなければならない。
2・3　（略）

（効力）
第九条　普通免許状は、全ての都道府県（中学校及び高等学校の教員の宗教の教科についての免許状にあつては、国立学校又は公立学校の場合を除く。以下この条において同じ。）において効力を有する。

2　特別免許状は、その免許状を授与した授与権者の置かれる都道府県においてのみ効力を有する。

3　（略）
（削る）

（削る）

（削る）

（授与の場合の原簿記入等）
第八条　授与権者は、免許状を授与したときは、免許状の種類、その者の氏名及び本籍地、授与の日、免許状の有効期間の満了の日その他文部科学省令で定める事項を原簿に記入しなければならない。
2・3　（略）

（効力）
第九条　普通免許状は、その授与の日の翌日から起算して十年を経過する日の属する年度の末日まで、すべての都道府県（中学校及び高等学校の教員の宗教の教科についての免許状にあつては、国立学校又は公立学校の場合を除く。次項及び第三項において同じ。）において効力を有する。

2　特別免許状は、その授与の日の翌日から起算して十年を経過する日の属する年度の末日まで、その免許状を授与した授与権者の置かれる都道府県においてのみ効力を有する。

3　（略）
4　第一項の規定にかかわらず、その免許状に係る別表第一から別表第八までに規定する所要資格を得た日、第十六条の二第一項に規定する教員資格認定試験に合格した日又は第十六条の三第二項若しくは第十七条第一項に規定する文部科学省令で定める資格を有することとなつた日の属する年度の翌年度の初日以後、同日から起算して十年を経過する日までの間に授与された普通免許状（免許状更新講習の課程を修了した後文部科学省令で定める二年以上の期間内に授与されたものを除く。）の有効期間は、当該十年を経過する日までとする。
5　普通免許状又は特別免許状を二以上有する者の当該二以上の免許状の有効期間は、第一項、第二項及び前項並びに次条第四項及び第五項の規定にかかわらず、それぞれの免許状に係るこれらの規定による有効期間の満了の日のうち最も遅い日までとする。

（有効期間の更新及び延長）
第九条の二　免許管理者は、普通免許状又は特別免許状の有効期間を、その満了の際、その免許状を有する者の申請により更新することができる。
2　前項の申請は、申請書に免許管理者が定める書類を添えて、これを免許管理者に提出してしなければならない。
3　第一項の規定による更新は、その申請をした者が当該普通免許状又は特別免許状の有効期間の満了する日までの文

部科学省令で定める二年以上の期間内において免許状更新講習の課程を修了した者である場合又は知識技能その他の事項を勘案して免許状更新講習を受ける必要がないものとして文部科学省令で定めるところにより免許管理者が認めた者である場合に限り、行うものとする。

4　第一項の規定により更新された普通免許状又は特別免許状の有効期間は、更新前の有効期間の満了の日の翌日から起算して十年を経過する日の属する年度の末日までとする。

5　免許管理者は、普通免許状又は特別免許状を有する者が、次条第三項第一号に掲げる者である場合において、同条第四項の規定により免許状更新講習を受けることができないことその他文部科学省令で定めるやむを得ない事由により、その免許状の有効期間の満了の日までに免許状更新講習の課程を修了することが困難であると認めるときは、文部科学省令で定めるところにより相当の期間を定めて、その免許状の有効期間を延長するものとする。

6　免許状の有効期間の更新及び延長に関する手続その他必要な事項は、文部科学省令で定める。

（免許状更新講習）

第九条の三　免許状更新講習は、大学その他文部科学省令で定める者が、次に掲げる基準に適合することについての文部科学大臣の認定を受けて行う。

一　講習の内容が、教員の職務の遂行に必要なものとして文部科学省令で定める事項に関する最新の知識技能を修得させるための課程（その一部として行われるものを含む。）であること。

二　講習の講師が、次のいずれかに該当する者であること。

　イ　文部科学大臣が第十六条の三第四項の政令で定める審議会等に諮問して免許状の授与の所要資格を得させるために適当と認める課程を有する大学において、当該課程を担当する教授、准教授又は講師の職にある者

　ロ　イに掲げる者に準ずるものとして文部科学省令で定める者

三　講習の課程の修了の認定（課程の一部の履修の認定を含む。）が適切に実施されるものであること。

四　その他文部科学省令で定める要件に適合するものであること。

2　前項に規定する免許状更新講習（以下単に「免許状更新講習」という。）の時間は、三十時間以上とする。

3　免許状更新講習は、次に掲げる者に限り、受けることができる。

一　教育職員及び文部科学省令で定める教育の職にある者

二　教育職員に任命され、又は雇用されることとなつている者及びこれに準ずるものとして文部科学省令で定める者

4　前項の規定にかかわらず、公立学校の教員であつて教育公務員特例法（昭和二十四年法律第一号）第二十五条第一

（削る）

項に規定する指導改善研修（以下この項及び次項において単に「指導改善研修」という。）を命ぜられた者は、その指導改善研修が終了するまでの間は、免許状更新講習を受けることができない。

5　前項に規定する者の任命権者（免許管理者を除く。）は、その者に指導改善研修を命じたとき、又はその者の指導改善研修が終了したときは、速やかにその旨を免許管理者に通知しなければならない。

6　文部科学大臣は、第一項の規定による認定に関する事務を独立行政法人教職員支援機構（第十六条の二第三項及び別表第三備考第十一号において「機構」という。）に行わせるものとする。

7　前各項に規定するもののほか、免許状更新講習に関し必要な事項は、文部科学省令で定める。

（有効期間の更新又は延長の場合の通知等）
第九条の四　免許管理者は、普通免許状又は特別免許状の有効期間を更新し、又は延長したときは、その旨をその免許状を有する者、その者の所轄庁（免許管理者を除く。）及びその免許状を授与した授与権者（免許管理者を除く。）に通知しなければならない。

2　免許状の有効期間を更新し、若しくは延長したとき、又は前項の通知を受けたときは、その免許状を授与した授与権者は、その旨を第八条第一項の原簿に記入しなければならない。

（削る）	（有効期間の更新又は延長の場合の通知等） 第九条の四　免許管理者は、普通免許状又は特別免許状の有効期間を更新し、又は延長したときは、その旨をその免許状を有する者、その者の所轄庁（免許管理者を除く。）及びその免許状を授与した授与権者（免許管理者を除く。）に通知しなければならない。 2　免許状の有効期間を更新し、若しくは延長したとき、又は前項の通知を受けたときは、その免許状を授与した授与権者は、その旨を第八条第一項の原簿に記入しなければならない。
第九条の二　（略）	第九条の五　（略）
（削る）	第十六条　削除
（免許状授与の特例） 第十六条　普通免許状は、第五条第一項の規定によるほか、普通免許状の種類に応じて文部科学大臣又は文部科学大臣が委嘱する大学の行う試験（以下「教員資格認定試験」という。）に合格した者で同項各号に該当しないものに授与する。 （削る）	（免許状授与の特例） 第十六条の二　普通免許状は、第五条第一項の規定によるほか、普通免許状の種類に応じて文部科学大臣又は文部科学大臣が委嘱する大学の行なう試験（以下「教員資格認定試験」という。）に合格した者で同項各号に該当しないものに授与する。 2　教員資格認定試験に合格した日の翌日から起算して十年を経過する日の属する年度の末日を経過した者については、前項の規定にかかわらず、その者が免許状更新講習の課程を修了した後文部科学省令で定める二年以上の期間内にある場合に限り、普通免許状を授与する。
2　文部科学大臣は、教員資格認定試験（文部科学大臣が行うものに限る。）の実施に関する事務を独立行政法人教職員支援機構（別表第三備考第十一号において「機構」という。）に行わせるものとする。 3　（略）	3　文部科学大臣は、教員資格認定試験（文部科学大臣が行うものに限る。）の実施に関する事務を機構に行わせるものとする。 4　（略）
第十六条の二　（略）	第十六条の二の二　（略）
（中学校又は高等学校の教諭の免許状に関する特例）	（中学校等の教員の特例）

第十六条の三　（略）
2　（略）
（削る）

3　前二項の文部科学省令を定めるに当たつては、文部科学
　大臣は、審議会等（国家行政組織法（昭和二十三年法律第
　百二十号）第八条に規定する機関をいう。別表第一備考第
　一号の二及び第五号イにおいて同じ。）で政令で定めるも
　のの意見を聴かなければならない。

第十六条の四　（略）
2・3　（略）
（削る）

（特別支援学校の教諭等の免許状に関する特例）
第十七条　第四条の二第二項に規定する免許状は、第五条第
　一項本文、同項第二号及び第五項並びに第五条の二第二項
　の規定にかかわらず、その免許状に係る教員資格認定試験
　に合格した者又は文部科学省令で定める資格を有する者に
　授与する。
（削る）

第二十一条　次の各号のいずれかに該当する場合には、その
　違反行為をした者は、一年以下の懲役又は五十万円以下の
　罰金に処する。
　一　第五条第一項、第二項若しくは第五項、第五条の二第
　　二項若しくは第三項又は第六条の規定に違反して、免許
　　状を授与し、若しくは特別支援教育領域を定め、又は教
　　育職員検定を行つたとき。
　二　（略）
2　（略）

第十六条の三　（略）
2　（略）
3　第十六条の二第二項の規定は、前項の規定による免許状
　の授与について準用する。この場合において、同条第二項
　中「合格した日」とあるのは「合格した日又は第十六条の
　三第二項に規定する文部科学省令で定める資格を有するこ
　ととなつた日」と、「前項」とあるのは「同項」と読み替
　えるものとする。
4　第一項及び第二項の文部科学省令を定めるに当たつて
　は、文部科学大臣は、審議会等（国家行政組織法（昭和二
　十三年法律第百二十号）第八条に規定する機関をいう。別
　表第一備考第一号の二及び第五号イにおいて同じ。）で政
　令で定めるものの意見を聴かなければならない。

第十六条の四　（略）
2・3　（略）
4　第十六条の二第二項の規定は、前項の規定による免許状
　の授与について準用する。この場合において、同条第二項
　中「前項」とあるのは、「第十六条の四第三項」と読み替
　えるものとする。

第十七条　第四条の二第二項に規定する免許状は、第五条第
　一項本文、同項第二号及び第六項並びに第五条の二第二項
　の規定にかかわらず、その免許状に係る教員資格認定試験
　に合格した者又は文部科学省令で定める資格を有する者に
　授与する。
2　第十六条の二第二項の規定は、前項の規定による普通免
　許状の授与について準用する。この場合において、同条第
　二項中「合格した日」とあるのは「合格した日又は第十七
　条第一項に規定する文部科学省令で定める資格を有するこ
　ととなつた日」と、「前項」とあるのは「同項」と読み替
　えるものとする。

第二十一条　次の各号のいずれかに該当する場合には、その
　行為をした者は、一年以下の懲役又は五十万円以下の罰金
　に処する。
　一　第五条第一項、第三項若しくは第六項、第五条の二第
　　二項若しくは第三項又は第六条第一項から第三項までの
　　規定に違反して、免許状を授与し、若しくは特別支援教
　　育領域を定め、又は教育職員検定を行つたとき。
　二　（略）
2　（略）

附則以下の新旧対照表　省略

教育関係者向け総合情報サイト

 ぎょうせい 教育ライブラリ

● 『学びのある』学校づくりへの羅針盤をコンセプトに、
教育の現在に特化した情報サイトです。

Since 2019

「お気に入り」登録を!

https://shop.gyosei.jp/library/

▼「ぎょうせい教育ライブラリ」トップページ

教育の現在が分かる無料メルマガ
「きょういくプレス」会員受付中

「学校教育」の現場で
今すぐ役立つ情報を
発信していきます。

〒136-8575
東京都江東区新木場1-18-11
TEL0120-953-431
株式会社　ぎょうせい

教育実践ライブラリ Vol.1

個別最適で協働的な学びをどう実現するか
～令和の授業イノベーションを考える～

令和4年6月1日　第1刷発行

編集・発行　　株式会社 **ぎょうせい**

〒136-8575　東京都江東区新木場1-18-11
URL：https://gyosei.jp

フリーコール　0120-953-431

ぎょうせい　お問い合わせ 検索 https://gyosei.jp/inquiry/

〈検印省略〉

印刷　ぎょうせいデジタル株式会社　　　　　　　　　　Ⓒ2022　Printed in Japan
※乱丁・落丁本はお取り替えいたします。

ISBN978-4-324-11129-1
(3100555-01-001)
〔略号：教実ライブラリ1〕

摩耶山（兵庫県）

神戸はベイエリア特有の色鮮やかな街明かり、開港時代の面影が残る歴史的建造物のライトアップなど多様なジャンルの夜景を楽しめる街だ。特に摩耶山は日本三大夜景の一つに数えられ、高い人気を誇る。摩耶山の展望台「掬星台」に足を踏み入れると、蓄光石で煌めく光の道が出迎えてくれる。この地上の天の川が導く先に大夜景が待っている。

写真・文／**中村 勇太**（夜景写真家）

なかむら・ゆうた／日本と台湾を取材する夜景写真家。日本夜景オフィス株式会社の代表取締役。カメラ雑誌などで夜景撮影テクニックの記事執筆、テレビやラジオの番組に出演し夜景の解説、ツアーにて夜景のガイド、夜景撮影教室にて夜景撮影のレクチャーなどの活動を行っている。自身が企画・運営している夜景情報サイトでは、「夜景で繋がる。旅が輝く。」をテーマに、日本全国、台湾の夜景スポット情報、夜景に関するニュースなどを配信している。

✍ 摩耶山（兵庫県）

展望台からは神戸の夜景をメインに、大阪のビル群、関西国際空港、さらには和歌山の市街など、地上からは想像もできない大スケールの夜景が広がっている。大阪湾が描くダイナミックな湾曲と1,000万ドルの夜景とも称される圧倒的な光量が相まって、見る者を心から感動させる。特に美しい光景を見せてくれるのが明け方だ。グラデーションカラーに染まる空、山々が生み出す闇のコントラストが美しさを一層引き立てる。三大夜景から始まる朝は至福のひとときだ。

えびすん

大阪府泉大津市立戎小学校

プロフィール
● 誕生日：7月1日
● チャームポイント： 学校の形をした帽子
● お供： こんぺいとうはりねずみ
● 大切にしていること： 挨拶

朝の校門で登校する児童を元気に出迎えるえびすん。
お供のこんぺいとうはりねずみも一緒。

　泉大津市立戎小学校には、「えびすん」というキャラクターがいます。2012年、児童会が学校のシンボルとなるような「ゆるキャラクター」を全校児童に公募し、総選挙で選ばれたのが、当時4年生だった児童が作成した「えびすん」でした。校舎の形をした帽子がトレードマークで、お腹には、戎小学校の校章が描かれています。

　2012年の夏休みに児童会が一生懸命着ぐるみを作成し、その着ぐるみは、今も引き継がれており、いろいろなところで活躍しています。例えば、挨拶運動では、一緒に校門前に立って児童に挨拶をします。話しませんが、笑顔で手を振ってみんなの挨拶に応えます。さらに、えびすんを作成した児童が、様々な表情や仕草をしているイラストを残してくれたので、「えびタイム」という、戎小学校独自の朝学習プリントのロゴとしても使われています。昨年度2021年には、新たに「えびすんのお供キャラクター」を児童会が作成・選挙を行い、もう一つ「こんぺいとうはりねずみ」というキャラクターが誕生しました。児童会でぬいぐるみを作成し、挨拶運動では、えびすんがお供の「こんぺいとうはりねずみ」を抱っこして出迎えています。新たなキャラクターが増えたことで、挨拶運動にもより活気が出ました。

（教諭・田中花純）

チャームポイントは
この帽子！

朝学習プリントのロゴにも登場。

IZUMIOTSU CAREER PASSPORT

	泉大津市立 　戎 　小学校		
1	なまえ		
2			
3 年	組	番	
4 年	組	番	
5 年	組	番	
6 年	組	番	

キャリアパスポートにもえびすん。入学から卒業まで児童の成長を見守ります。